Jean-Pierre Jossua, théologien et écrivain, a enseigné aux facultés dominicaines du Saulchoir et dirigé des revues comme *Concilium* et *La Vie spirituelle*. Il a écrit environ 25 ouvrages. Il a tenté, dans des essais, de réaliser un inventaire de l'expérience chrétienne, dans un langage ouvert, et parfois sous une forme littéraire. Dans des études sur la littérature des XIXe et XXe siècles, il a pratiqué un mode de critique aux frontières de la théologie, de l'histoire littéraire et de la psychanalyse. Depuis quarante ans, il s'intéresse aux auteurs mystiques sous ces divers points de vue : l'histoire, la psychologie, la poésie et l'expérience chrétienne.

Dépôt légal : mai 1996
Numéro d'édition : 73212
ISBN : 2-07-053335-2
Imprimerie Kapp Lahure Jombart, à Evreux

SEUL AVEC DIEU
L'AVENTURE MYSTIQUE

Jean-Pierre Jossua

DÉCOUVERTES GALLIMARD
RELIGIONS

Le mot «mystique» est lié au vocabulaire de l'initiation. Parmi ses divers sens, se dégage l'entrée dans une aventure étonnante : celle d'une recherche, dans la prière, d'union essentielle à Dieu, moyennant un dépouillement radical. Elle vient du néoplatonisme, mais s'est adaptée aux aspects caractéristiques de la foi chrétienne.

CHAPITRE PREMIER

LES SOURCES DE LA MYSTIQUE CHRÉTIENNE

La division chrétienne entre l'âme et le corps (à gauche, l'âme de saint Lambert monte vers Dieu) vient de la pensée platonicienne selon laquelle le monde des idées est distinct du monde terrestre. Dans *Le Banquet*, Platon (ci-contre) écrit : «Les mystères d'amour, ce sont ceux auxquels tu pourrais être initié. Quant aux derniers mystères et à la révélation [...], je ne sais si tu es capable de les recevoir.»

Que signifie «mystique»?

Le mot «mystique» vient du verbe grec *muo* : se fermer, se taire. Il indique donc le secret et, par glissement de sens, ce qui permet d'y accéder : l'initiation. Le «myste» est celui que l'on initie au «mystère», de *musterion*, qui désignait chez les Grecs les cultes secrets par lesquels on tentait d'accéder au salut. «Mystique» en est l'adjectif : ce qui concerne les «mystères». Le «mystère chrétien», en ce sens, c'est le Christ, jadis caché – selon les premiers écrivains de l'Eglise – sous les «figures» de l'Ancien Testament qui l'annonçaient de façon voilée, et désormais manifesté. Un événement a donc opéré le passage de ce qui était secret à ce qui est révélé, mais qui demeure «mystérieux» au sens courant du terme. Au IIIe siècle, le mot s'est élargi aux «sacrements», qui rendent présent le Christ en tout temps. L'adjectif «mystique» dit désormais la participation des croyants au Christ, mort et ressuscité, en particulier grâce aux célébrations liturgiques.

Bien plus tardivement, le substantif «mystique» prendra un sens particulier en désignant des personnes et une expérience. A cette expérience, on accède par des écrits – difficiles, souvent non accessibles au plus grand nombre –, lesquels sont le testament de «mystiques» se lisant et

Selon les Pères de l'Eglise, le mystère, c'est d'abord la mort et la résurrection du Christ (ci-dessous); c'est ensuite la célébration de Pâques; c'est enfin l'eucharistie (ci-dessus) : «Voici le sens mystique du pain : il dit que c'est sa chair, sûrement sa chair ressuscitée» (Clément d'Alexandrie).

s'influençant les uns les autres. Ce trait est capital : la «mystique» est essentiellement affaire de textes. Elle peut être décrite comme une union à Dieu, par une forme de prière, union qui n'est ni complète ni durable, mais néanmoins éprouvée avec une sorte de certitude intérieure. Elle suppose un dépouillement radical dans la prière, ainsi qu'une mise à l'écart des images, des sentiments, des pensées. Elle suppose aussi une ascèse rigoureuse dans l'existence même, portant sur les sens, l'affectivité, la vie de l'esprit et finalement la personnalité tout entière.

Cette expérience est spécifique. Il y a de vrais chrétiens, des saints et même de grands orants ou de rigoureux ascètes, qui ne l'ont pas connue. Pourtant, si ce sens particulier du terme «mystique» date du XVIe siècle, l'expérience est déjà attestée au Moyen Age et même dans l'antiquité chrétienne.

Dès le IIIe siècle, les sacrements (ci-dessus, le baptême de Jésus) relient au «mystère» chrétien, auquel ils constituent une sorte d'initiation. «Les Apôtres et les Pères, qui ont disposé dès l'origine tout ce qui concerne les Eglises, gardèrent aux mystères, dans le silence et le secret, leur caractère sacré» (Basile de Césarée).

Légendaire image du dépouillement indispensable à la prière, Job (à gauche) est souvent représenté «sur son fumier».

Or les sources bibliques, le «mystère chrétien», ne semblent pas l'impliquer. D'où est-elle donc issue?

L'origine platonicienne de la mystique

La mystique est directement issue de la spiritualité grecque tardive et en particulier du néoplatonisme, courant philosophique et religieux florissant du IIIe au VIe siècle de notre ère. En réalité, il faut remonter jusqu'à l'œuvre de Platon elle-même. Tout tient à une idée : l'âme. Il y aurait en l'homme un principe spirituel immortel, d'origine divine, qui tend à se dépouiller de sa grossière enveloppe corporelle et à rejoindre sa vraie patrie et ce, par deux voies : l'extase et la mort. Sans évoquer des sources plus anciennes, on peut affirmer que l'œuvre de Platon a immensément diffusé cette idée, en particulier le courant dualiste selon lequel le monde des Idées divines et de l'âme se trouve distinct de ce monde-ci.

Or, au IIIe siècle, le christianisme s'est hellénisé à un point tel que l'on s'interroge aujourd'hui sur la possibilité d'une distinction entre paganisme et christianisme. Le platonisme est un des facteurs majeurs de cette influence hellénisante. Un seul exemple suffirait : dans l'Antiquité, on priait à haute voix, et toute autre manière était suspecte. Sous l'influence du platonisme, le judaïsme puis le christianisme adoptent peu à peu une forme de prière mentale et même silencieuse, sans mots. «Ni le langage vocal, ni la parole intérieure ne sont adaptés au Dieu le plus haut [...] que nous devons vénérer dans un profond silence», écrit le philosophe néoplatonicien Porphyre.

Les courants platoniciens chrétiens ont tous insisté sur l'intériorisation de la relation à Dieu, et sur une contemplation intellectuelle du mystère.

Mais ce qui nous intéresse ici est plus particulier : c'est le désir d'une union amoureuse au divin et comme d'une ascension de l'âme vers lui. Or ce désir, c'est le néoplatonisme qui l'a suscité.

Plotin et l'«absolument simple»

Plotin est né en Egypte en 205 et mort à Rome en 270. A Rome, il enseigna longtemps, avant d'écrire, se livrant à une exégèse de Platon. Ce fut un homme modeste, caché derrière son œuvre mais intensément présent en elle par un ton unique, témoignant d'une expérience intense et indicible : la quête ascétique et

Au livre VII de *La République*, Platon décrit une caverne où vivent des hommes enchaînés (ci-dessous). La lumière leur vient d'un feu qui projette, sur la paroi du fond, leurs propres ombres et celles de marionnettes que l'on manœuvre. Ils ne voient que cela, et prennent ces ombres pour la réalité. Si l'un d'eux, délivré, venait à regarder du côté de l'entrée de la caverne, il souffrirait de la clarté et ne pourrait croire à la réalité des objets découverts avant d'avoir compris que le soleil visible est la source de tout en ce monde. Telles sont, au regard de la réalité intelligible, nos âmes, le monde, notre nécessaire conversion et le Bien qui est le réel le plus lumineux.

On célébrait à Eleusis, près d'Athènes, le culte de Déméter, déesse de la Terre cultivée. Sa fille Perséphone ayant été ravie par Hadès, dieu des Enfers, Déméter avait d'abord rendu la terre stérile, puis avait accepté un compromis : que trois mois par an en enfer et, à chacun de ses retours près de sa mère, la terre fructifierait. Ainsi l'âme peut-elle aussi sortir du séjour de la mort, et le mythe signifie une double initiation : à l'agriculture et à l'immortalité. Les mystères d'Eleusis (à gauche) comportent des purifications et un rite final de contemplation demeurant secret.

le pressentiment de l'«absolument simple». Il emploie peu l'adjectif «mystique»; quand il le fait, c'est de façon encore proche des «mystères» d'Eleusis, et cette proximité marque l'aventure spirituelle qu'il va transmettre, d'un caractère fortement intuitif, expérimental. Pourtant, contrairement aux mystères grecs correspondant à certains cultes annuels, c'est seulement à des moments privilégiés qu'a lieu cette union au Dieu premier et transcendant.

Selon Plotin, l'âme, d'origine céleste et émanant du Bien transcendant des platoniciens, est exilée dans le monde sensible. Notre vrai moi est issu du monde spirituel, intérieur, qui émerge en nous sans que nous en ayons conscience. De son côté, le monde terrestre n'est pas mauvais; il peut même devenir le chemin qui permet d'accéder, à travers un regard purifié, à la beauté des formes pures, à l'Intellect divin. L'amour permet d'aller encore plus loin, dans une joie ineffable, d'être dans le non-penser, dans le pur contact avec l'Un. Car «le Bien est ce que tous les êtres désirent», ce qui attire à soi et fait grâce : le Bien

Si l'adjectif «mystique» qualifie avec précision l'initiation chrétienne ancienne au «mystère» du Christ et, plus tard, la recherche d'une union au divin, dans la ligne du philosophe néoplatonicien Plotin, il a aussi un sens large, courant. Celui-ci désigne toute vie spirituelle exigeante, toute prière approfondie. Les deux orants ci-contre et ci-dessous, l'un d'époque byzantine, l'autre du Moyen Age, témoignent de la constante qu'est la prière chrétienne, avec sa double composante de supplication et d'action de grâces.

est le principe premier et tout y revient comme vers sa source.

Plotin évoque ainsi l'expérience fondamentale de l'Unité : «Souvent je m'éveille à moi-même en m'échappant de mon corps, étranger à toute autre chose, dans l'intime de moi-même, je vois une Beauté aussi merveilleuse que possible. Je suis convaincu surtout alors que j'ai une destinée supérieure; mon activité est le plus haut degré de la vie; je suis uni à l'Etre divin.» La condition de l'expérience est le dépouillement et la simplification : «L'être qui contemplait était alors lui-même un; il n'y avait en lui aucune différence avec lui-même ni sous aucun autre rapport; aucune émotion en lui; dans son ascension, il n'avait plus ni colère ni désir; plus de raison, plus de pensée même en lui; et, puisqu'il faut le dire, lui-même n'était plus : arraché à lui-même et ravi par l'enthousiasme, il se trouvait dans un état calme et paisible, uni à l'Un.»

Selon le Pseudo-Denys – assimilé à Denys l'Aéropagite (ci-dessous) –, il faut abandonner sensations et pensées, pour ne faire qu'un avec Dieu. «Par la sortie de toi-même et de tout – extase totale et irrésistible –, tu seras emporté vers la suressentielle splendeur de la ténèbre divine.»

Le Pseudo-Denys : purification puis illumination

L'influence de Plotin sur le christianisme fut considérable. Pour la mystique chrétienne, occidentale surtout, elle passa principalement par l'un de ses successeurs, Proclus, commentateur de Platon vivant à Athènes au Ve siècle, théologien, maître spirituel. Or Proclus eut lui-même un disciple chrétien, un moine connu sous le nom de Pseudo-Denys (début du VIe siècle). Une légende fit longtemps de ce dernier le dernier disciple de l'apôtre Paul et le premier évêque de Paris, ce qui ne contribua pas peu à son prestige. En fait, le Pseudo-Denys était l'héritier lointain de néoplatoniciens chrétiens plus anciens, tel Grégoire de Nysse, qui relie Plotin à la Bible et dont la *Vie de Moïse* décrit la montée de l'âme vers le Dieu inconnaissable, qu'il identifie au Dieu d'Israël, par une «déification progressive» de l'être entier. Mais le Pseudo-Denys était surtout l'héritier direct de Proclus.

Pour lui, la voie vers Dieu commence par des analogies issues de notre monde – cela veut dire qu'un principe issu de la réalité de notre monde peut servir à connaître et à nommer Dieu. Exemple : «Dieu est bon», analogie entre Dieu et la bonté des choses. Mais toutes ces analogies sont comme autant de lumières qui doivent s'éteindre devant le mystère indicible et inconnaissable, situé au-delà de tout : c'est ce qu'on appelle la théologie négative. Dans cet état de «docte ignorance», comme on dira plus tard, dans ce silence et cette ténèbre, seule reste possible l'union aimante, préparée par la purification puis l'illumination.

Grégoire de Nysse (330-395), évêque, théologien et maître spirituel très célèbre, écrivit à la fin de sa vie la *Vie de Moïse*, itinéraire symbolique vers Dieu qui doit beaucoup au néoplatonisme. La miniature ci-dessus le représente en train de dialoguer avec Grégoire de Nazianze, ami de son frère Basile et évêque de Constantinople. La *Vie de Moïse* enseigne un chemin indéfini : «Si les êtres qui connaissent le Beau en soi aspirent à y participer, dès lors que celui-ci est infini, nécessairement le désir de celui qui cherche à y participer sera coextensif à l'infini et ne connaîtra pas de repos.» Ce chemin a pourtant un terme si «nous, qui avons perdu l'être par notre mauvais vouloir», y sommes reconduits par le Dieu incarné qui «ramène de nouveau à l'être ce qui en était sorti».

Le Pseudo-Denys aura une immense influence en Occident, dès l'époque de Charlemagne. Par la suite, chacune des lectures ou des traductions de ses œuvres donnera lieu à une floraison théologique ou mystique.

Loin d'être une mode littéraire, cette influence prendra plutôt la forme d'une contagion s'écoulant par mille canaux. C'est là le mode particulier d'«influence» qu'exerce la mystique : la fascination d'une autre aventure religieuse que celle qui se transmet selon le droit fil de la Bible et du mystère du Christ. Elle se déploie sans doute surtout lors des crises des repères chrétiens – avec un repli sur l'inconnaissable et l'intériorité –, mais elle n'y naît pas. Elle surgit toujours d'un étrange désir, d'une passion de l'Un, d'une formidable imagination.

Elle s'ajustera à ce qui est spécifique dans le christianisme en respectant le caractère trinitaire et «personnel» de Dieu, la médiation du Christ, le caractère indépassable de la foi, l'appartenance à une communauté, le primat de l'amour du prochain.

Dans les déserts d'Egypte et de Syrie, à partir du IVe siècle, des ermites inventent une forme de prière courte, répétée, favorisant l'union à Dieu. Des techniques liées au souffle, des spéculations sur la lumière vont s'y ajouter jusqu'à culminer, au mont Athos, entre le Xe et le XIVe siècle, en une forme remarquable de vie mystique : l'hésychasme. Grégoire Palamas en est la figure la plus marquante.

CHAPITRE II
LA PRIÈRE DU CŒUR (IVe-XIIIe SIÈCLES)

«Jacob eut un songe : voilà qu'une échelle était dressée sur la terre et que son sommet atteignait le ciel, et des anges de Dieu y montaient et descendaient» (Genèse 28, 10-19). Jésus se place au centre de cette vision : «En vérité je vous le dis, vous verrez le ciel ouvert et les anges de Dieu monter et descendre au-dessus du Fils de l'homme» (Jean 1, 51).

Ephrem le Syrien (306-373), théologien, diacre, ermite et grand poète mystique, a exercé une immense influence par ses «hymnes didactiques» sur le mystère de Dieu, l'Epiphanie, la virginité. Voici deux passages sur la lumière : celle de Dieu et, inséparablement, celle du chantre ou des Veilleurs, sans doute les anges. «Comment puis-je te chanter / ô lumineux, ô seul saint ? / Car la bouche pure et claire, / et qui, Seigneur, te ressemble, / pourra seule te chanter.» «Heureux celui qui a acquis / l'œil lumineux par lequel il voit / comment se tiennent les Veilleurs / devant toi en adoration; / et quelle hardiesse dans cet homme!»

Les Pères du désert

Au début du IVe siècle, les déserts d'Egypte, de Palestine et de Syrie se peuplent d'anachorètes, moines isolés, et de cénobites, religieux vivant en communauté. Les anachorètes pratiquent de petits métiers artisanaux, se mortifient farouchement, prient dans la solitude et se réunissent si possible le dimanche. Il y a là de fortes personnalités qui attirent peu à peu des disciples – inaugurant le rôle décisif en Orient du père spirituel – mais aussi des curieux qui recueillent leurs apophtegmes. De ces petites sentences, ainsi que de leurs lettres, les disciples feront par la suite des «collections», et ils écriront leurs vies. Pourquoi cette migration au désert? On peut penser qu'elle prend le relais du martyre comme moyen de hâter la venue du Royaume des Cieux : il s'agit d'affronter Satan au désert, de commencer à mener une «vie angélique». En outre, la grande ville, pourtant officiellement chrétienne, présentait, pour qui cherchait Dieu, un caractère fort peu évangélique et pouvait par réaction provoquer une «fuite du monde» qui se retrouvera par la suite chez les moines occidentaux.

La «prière du cœur» : une oraison brève et continue

Les Pères du désert pratiquent une forme d'oraison populaire : la «prière du cœur». Elle témoigne d'une passion, celle de trouver une manière très simple de prier permettant une proximité incessante de l'Aimé.

La prière des Pères du désert au IVe siècle est une prière continue. Les solitaires prennent à la lettre ce défi de Paul : «Priez sans cesse» (Paul, 1 Thessaloniciens

Dans leur désert, les ermites étaient visités non seulement par des disciples, mais aussi par des voyageurs ou des journalistes spirituels avant la lettre. Leurs réponses, lapidaires, aux questions qui leur étaient posées, étaient notées avec soin et largement répandues. Ainsi raconte-t-on qu'une jeune recrue qui demandait «Que faut-il faire pour être sauvé?» s'entendit répondre : «Sache que tu as un cœur», ou bien «Garde ton cœur». Formule qui peut être élucidée par l'idée d'une petite maison, propre ou sale, habitée ou déserte, ouverte ou fermée, obscure ou illuminée... Ou encore par celle d'un jardin : celui du Paradis, celui qui s'est ensauvagé, celui qui a été de nouveau nettoyé et cultivé et où Dieu reprend plaisir à se promener à la brise du soir qui est l'atmosphère du cœur. La «garde du cœur» évoque aussi l'office du changeur et sa machine à vérifier la monnaie : il faut être attentif à ce qui entre (les images) et à ce qui sort (les paroles). Vigilance et sobriété, alors le cœur est pur. Et, purifié, le cœur retrouve son orientation première : c'est la «prière du cœur». Dans celle-ci, le combat contre la distraction sera la grande affaire des solitaires, et la «prière de Jésus», répétée, va en devenir le support.

5, 17). Jésus n'avait-il pas déjà proclamé : «Il faut toujours prier et ne pas se relâcher» (Luc 18, 1)? Or on doit prononcer des mots, même si le but est un silence intime. L'anachorète Macaire († 390) dit ainsi : «Le moine est appelé moine à cause de ceci : il converse avec Dieu nuit et jour.» Et plus tard, Jean Colobos : «Si vous voulez, étant dans un corps, rendre à Dieu le culte d'une créature incorporelle, entretenez en secret dans votre cœur une prière ininterrompue.»

A un degré moindre, une telle aspiration à la continuité ne sera pas étrangère aux grands mystiques qui viendront plus tard : même si leurs états d'union seront ponctuels, ils reflueront sur toute la vie, à travers leurs activités diverses.

Cette prière est en fait une oraison brève, fondée sur la répétition d'une invocation courte qui doit du même coup exclure la multiplicité des pensées. Par exemple, le début du psaume 70 : «Dieu, viens à mon aide, Seigneur à notre secours.» «Point n'est besoin de faire de longs discours, dit Macaire, il suffit d'étendre les mains et de dire : "Seigneur, comme tu veux et tu sais, prends pitié." [Ou encore :] "Mon Seigneur Jésus-Christ, aie pitié de moi."» A force de répéter la formule, on finit par la murmurer même en dormant : «Je dors mais mon cœur veille» (Cantique 5, 2). On la nommera un peu plus tard : prière de Jésus.

Cette prière est également issue du «cœur». Au sens biblique de ce mot : non le siège des sentiments, mais le centre volontaire de la personne. On lit ainsi chez Luc : «Le Royaume des Cieux est au-dedans de vous» (Luc 17, 21). La prière du cœur «contient» en quelque sorte le nom de

Adressée à Jésus, la prière du cœur est aussi participation à Sa prière. Ci-dessous, dans le jardin de Gethsémani, Jésus prie et supplie que «cette coupe s'éloigne de lui».

Les premières bases de la vie érémitique (ci-dessus) furent organisées par Macaire l'Ancien (300-390) dans le désert de Scèté, aux confins de la Libye. Maître illustre pendant soixante ans, il fut très visité. On lui attribue une infinité de sentences, dont beaucoup sur la lutte contre le mal et la prière. «Le moine doit son nom d'abord au fait qu'il est seul», c'est-à-dire qu'il a renoncé à tout. «Il est appelé moine, ensuite, parce qu'il prie Dieu par une prière ininterrompue, pour purifier son esprit des pensées nombreuses et contraires et pour que cet esprit devienne moine en lui-même et seul devant le vrai Dieu.»

Jésus : en hébreu, le nom est la chose elle-même. Connaître le nom et le prononcer signifie avoir pouvoir sur la chose. Les noms des personnes, ou de Dieu, ont un sens : Jésus signifie en hébreu «Dieu sauve». En invoquant son nom, on obtient le salut.

Une prière liée au souffle et à la lumière

Pour pratiquer une telle forme d'oraison, point n'est besoin d'abandonner toute activité extérieure. Les Pères du désert travaillent de leurs mains et participent aux controverses théologiques. «Car, dit Macaire, il arrive aussi qu'un homme occupé toute la journée, s'il veut donner une heure à l'oraison, se trouve soudain saisi au dedans de lui-même et transporté dans l'oraison. [...] Alors tous les soucis des choses terrestres sont ensevelis dans l'oubli.»

La prière du cœur est dite en vue du repos intérieur. C'est l'*hésychia*, du mot grec qui signifie repos, quiétude, silence. Mais elle implique aussi elle-même les conditions de cette hésychia, comme la solitude, ainsi que son but ultime : s'unir à Dieu. «Dans le lieu où tu habites, dit Abba Poemen, aie la mentalité d'un

À partir d'Evagre, disciple de Macaire mais aussi des néoplatoniciens, la prière de Jésus, pratiquée par les Pères du désert (ci-contre et ci-dessus) se charge d'un contenu nouveau : «Fuir seul vers Seul» (Plotin). Pourtant, au Ve siècle, un maître nommé Pseudo-Macaire décrit une spiritualité plus spécifiquement chrétienne, fondée sur l'Incarnation : le Royaume de Dieu pénètre le monde visible pour le libérer du mal et faire resplendir la lumière à venir. Le Christ est au centre, par son enseignement et par l'eucharistie. Le cœur goûte alors la grâce de Dieu.

étranger afin de ne pas chercher à faire montre de ta parole, et tu auras le repos.»

Enfin, la prière du cœur est liée au souffle et à la lumière. Bien que n'étant pas explicite chez les Pères du désert, la respiration accordée à la répétition de la prière est chez eux une pratique très vraisemblable. Pour ce qui est de la lumière, quelques paroles un peu sibyllines indiquent l'importance de cette métaphore : «Celui qui prie sans cesse devient lumineux.» On dit d'un abba qui prie continuellement : «Sa face brille comme un éclair.» Et l'un d'eux conseille à un autre :

Le jeune Moïse, au Sinaï (ci-contre), vit un buisson embrasé qui ne se consumait pas, figure de Dieu en sa vie infinie. Plus tard, sur la même montagne, il reçoit la Révélation, et il est illuminé de telle manière que l'on n'ose plus regarder son visage. La Torah, la Loi, peut éclairer dès lors les fidèles. A son tour le Christ, sur le Thabor, sera transfiguré, resplendissant (ci-dessus), «Lumière de la Lumière» (Syméon le Nouveau Théologien), et il illuminera les croyants. Dans la mystique de l'Orient chrétien, le désir d'une vision de la «lumière incréée du Thabor» deviendra le but suprême de la vie spirituelle.

«Si tu le veux, deviens comme du feu.» De leur côté, des théologiens comme Origène et Grégoire de Nysse méditent vers la même époque sur la lumière vue par Moïse sur le Sinaï et la rapprochent de la transfiguration du Christ sur le mont Thabor.

Les maîtres spirituels

Trois maîtres spirituels grecs vont se charger de porter cette forme de prière à l'incandescence.

Le premier est celui que l'on peut appeler le «prophète» : Evagre du Pont († 399), héritier spirituel d'Origène, néoplatonicien chrétien. Dans son *Traité de l'oraison*, il pousse à l'extrême l'idée d'une indifférence à l'égard de toutes choses et d'une contemplation extatique dans la nudité de toute pensée, notamment grâce à une «prière brève et véhémente». Il écrit : «L'état de prière est une manière d'être impassible qui, par un amour suprême, ravit sur les cimes de l'intellect [*nous*, en grec], l'âme éprise de sagesse.»

Il s'agit ici d'une intelligence établie non seulement au-delà du sensible mais même de l'intelligible, ou des formes au sens platonicien, dans leur multiplicité.

“Jésus prend avec lui Pierre, Jacques et Jean, son frère, et les emmène à l'écart, sur une haute montagne. Et il fut transfiguré devant eux : son visage resplendit comme le soleil, et ses vêtements devinrent blancs comme la lumière. Et voici que leur apparurent Moïse et Elie, qui s'entretenaient avec lui [...]. Et voici qu'une nuée lumineuse les prit sous son ombre, et qu'une voix, sortant de la nuée, disait : «Celui-ci est mon Fils bien-aimé, qui a toute ma faveur, écoutez-le.» A cette voix les disciples tombèrent sur leur face, tout effrayés. Mais Jésus, s'approchant, les toucha et leur dit : «Relevez-vous, et n'ayez pas peur.» Et eux, levant les yeux, ne virent plus personne que lui, Jésus, seul.”

Matthieu 17, 1-8

Aussi conseille-t-il : «Efforce-toi de tenir ton intellect, pendant la prière, sourd et muet [et] en paix, dans un silence indicible.» A titre posthume, il fut condamné en 553 par un concile : on l'accusait de désincarner et d'intellectualiser le christianisme.

Le second est le «docteur» Jean Climaque († v. 650). Appelé aussi Jean de l'Echelle, à cause de son livre *L'Echelle sainte*, il y propose une pédagogie destinée à monter graduellement au ciel par le détachement et la prière. Ce «nouveau Moïse» des moines va systématiser la formule simple concernant le nom : «Que votre prière ignore toute multiplicité, car une seule parole a suffi au publicain» (Matthieu 18, 13). Elle doit être prononcée sans cesse, dans le silence et la solitude : «L'hésychia est un culte et une présence à Dieu ininterrompus», dit Climaque. Il ébauchera, lui-même, une «maîtrise du souffle» : «Que le souvenir de Jésus ne fasse plus qu'un avec ton souffle et alors tu connaîtras l'utilité de l'hésychia et diras la haute ambition de la prière mystique.» «L'hésychaste est celui qui aspire à circonscrire l'Incorporel dans une demeure de chair.» Le fruit en est la déification de tout l'être.

Le troisième, Syméon le Nouveau Théologien († 1022), vit au Stoudion, monastère de Constantinople, fondé au Ve siècle par des moines acémètes (sans sommeil, c'est-à-dire qui pratiquent la louange perpétuelle en se relayant). Alors que les autres Pères évoquent peu leur propre expérience, Syméon insiste dans ses écrits sur une appropriation consciente,

Voici quelques degrés de l'échelle spirituelle de saint Jean Climaque (à droite et en page 22), ermite grec du VIIe siècle : «Le premier degré de la prière consiste à chasser par une parole simple et fixe les suggestions au moment même où elles percent. Le second, à garder notre pensée uniquement à ce que nous disons et pensons. Le troisième, c'est le rapt de l'âme dans le Seigneur.» L'exultation des solitaires apparaît ici toute remplie d'humilité.

subjective, de la grâce du baptême, notamment par la formule «Seigneur Jésus-Christ, aie pitié de moi». Il attache une valeur à l'événement spirituel et relativise la théologie et les institutions. Par ailleurs, il fait état d'une vision lumineuse : «Toute la pièce fut inondée de lumière. [...] Il ne faisait plus

qu'un avec cette lumière divine. Il lui semblait être devenu lui-même lumière et entièrement absent du monde; il débordait de larmes et d'une inexprimable joie.» Cette «absence» est une véritable extase (du grec *extasis*, le fait d'être hors de soi) : «Il lui sembla [...] qu'il se trouvait ravi en l'air et avait oublié entièrement son corps.» Union à Dieu, mais pour laquelle – à la différence d'Evagre – l'Incarnation et les sacrements ont valeur d'intermédiaires.

Tout est prêt désormais pour les développements mystiques du Moyen Age byzantin, et en particulier pour le courant que l'on appellera hésychasme.

Le mont Athos et les moines hésychastes

Depuis le Xe siècle, une péninsule au nord-est de la Grèce est surnommée la Sainte Montagne. Elle est dès cette époque, dans des lieux superbes entre ciel, montagne et mer, la capitale du monachisme chrétien oriental. Les moines qui y vivent sont soit de vrais cénobites, vivant sous l'autorité d'un abbé, soit des moines choisissant un régime plus mêlé d'érémitisme, comme nos chartreux. Ils demeurent parfois dans les grottes de la falaise. Là un certain nombre de spirituels marquants se sont échelonnés entre le Xe et le XIVe siècle.

L'objectif des moines hésychastes est de retrouver l'Unité originelle perdue : «Le principe et la cause des pensées, c'est, à la suite du péché, l'éclatement de la mémoire simple et homogène. En devenant composée et diverse, elle a perdu le souvenir de Dieu et corrompu ses puissances. Le remède pour délivrer cette mémoire primordiale de la mémoire pernicieuse des pensées, c'est le retour à la simplicité originelle, [...] à savoir le souvenir immobile et persévérant de Dieu dans la prière» (Grégoire le Sinaïte, † 1346).

Après mainte pérégrination – notamment au Sinaï –, Grégoire est initié en Crète à la «prière de l'esprit». Il va à l'Athos (ci-contre, son monastère) et y fait des disciples, mais il mourra en Bulgarie. «Il y a deux amours extatiques dans l'Esprit, écrit-il : l'amour du cœur et l'amour d'extase. Le premier est le fait de ceux qui en sont à l'illumination, le second ceux qui sont consommés dans la charité [...]. L'amour divin est cette ivresse spirituelle qui ôte le sentiment de toute relation au monde extérieur.»

Pour une «félicité sans bornes» : la maîtrise du souffle

Les moines hésychastes espèrent parvenir à cette Unité par la maîtrise du souffle : «Entre dans ta chambre, enferme-toi et, t'étant assis dans un coin, [...] recueille ton esprit, introduis-le dans tes narines; c'est le chemin qu'emprunte le souffle pour aller au cœur. Pousse-le, force-le à descendre dans ton cœur en même temps que l'air inspiré. Quand il y sera, tu verras la joie qui va suivre. Accoutume ton esprit à ne pas se presser d'en sortir. [...] N'aie d'autre occupation que, sans trêve, le cri "Seigneur Jésus-Christ, Fils de Dieu, aie pitié de moi"» (Nicéphore le Solitaire, † 1300). Plus technique et non sans analogie avec

les méthodes des soufis (les mystiques musulmans) : «Appuyant ta barbe contre ta poitrine, dirige l'œil du corps en même temps que tout ton esprit sur le centre de ton ventre, le nombril, comprime l'aspiration d'air qui passe par le nez de manière à ne pas respirer à l'aise et scrute mentalement l'intérieur de tes entrailles à la recherche du cœur, là où toutes les puissances aiment se tenir» (Pseudo-Syméon, début XIVe siècle).

La «félicité sans bornes» que promet le Pseudo-Syméon peut aussi se décrire comme expérience de lumière : «Vous qui brûlez d'obtenir la grandiose et divine manifestation de lumière de Notre Seigneur Jésus-Christ, vous qui voulez saisir sensiblement dans votre cœur le feu plus que céleste», cherchez le trésor qui est enfoui dans votre cœur, pratiquez la «garde» constante de votre esprit à tout moment, la prière de Jésus (Nicéphore le Solitaire).

L'attitude de Jésus (ci-dessous) priant dans le jardin de Gethsémani pourrait être celle d'un moine pratiquant la maîtrise du souffle. Dans un tout autre style, l'extase détendue du maître soufi ci-dessus évoque le *Diwân* de Hallaj : «Mon cœur voltigeait, emplumé de désir, juché sur les ailes de mon dessein, montant vers Celui que, si l'on m'interroge, je masque sous des énigmes, sans Le nommer.

Grégoire Palamas, défenseur des saints hésychastes

Au XIVe siècle, ces pratiques sont vivement critiquées à Byzance, dans les milieux intellectuels. Un humaniste occidentalisé et très néoplatonisant, Barlaam († 1348), leur reproche de mêler les sens à une prière qui devrait être très dépouillée, et de prétendre voir la lumière même du Dieu transcendant. Une discussion publique passionnée provoque des conciles allant en des sens divers. Le défenseur attitré des hésychastes, qui finalement l'emporte, est Grégoire Palamas, né en 1296. Fils d'un haut fonctionnaire pratiquant déjà la prière de Jésus, préoccupé lui-même de la répandre parmi les laïcs, ce semi-ermite de l'Athos écrit les *Triades pour la défense des saints hésychastes.* Dès ce moment, il est reconnu solennellement par tous les moines comme exprimant la «tradition des saints», celle de l'Incarnation.

Ce sur quoi s'appuient les moines hésychastes est leur expérience d'oraison : «Grâce à une attention rigoureuse et à une prière pure, dit Grégoire Palamas, par une union mystique et supra-intellectuelle avec

Barlaam, néoplatonicien rationaliste, insistant sur la transcendance de Dieu, s'affole parce que les moines identifient une «lumière immatérielle avec le Dieu suressentiel». Grégoire Palamas (ci-dessus), néoplatonicien mystique, plus incarné, nourri d'expérience, répond que, vivant dans l'insensibilité et la prière, ils sont déjà investis par la lumière de la résurrection.

Dieu, ils ont été initiés à ce qui dépasse l'intelligence.» L'un d'eux parle de «s'unir immédiatement, au-delà de tout discours, à l'Un, au simple qui unifie».

Grégoire Palamas prétend s'en tenir à la Bible et au mystère chrétien, et contester le néoplatonisme de Barlaam et des philosophes qui opposent l'âme au corps contre le principe chrétien d'Incarnation. En réalité, il est pénétré de néoplatonisme et il s'avoue l'héritier de Denys, l'«infaillible *épopte* (guide en grec) du monde spirituel».

Il répond aux détracteurs des moines en affirmant la priorité absolue de la prière traditionnelle : «Il appartient à la puissance de la prière d'opérer la réception de Dieu et de consacrer mystiquement l'essor de l'homme vers le divin et son union avec lui», surtout s'il s'agit de «la prière ramassée et centrée en une seule parole».

Tous les grands monastères de l'Athos, appartenant à diverses nations – Grecs de Grèce ou d'Italie, Bulgares, Géorgiens, Russes – sont regroupés dans une fédération. Au XIVe siècle, c'est un centre spirituel et intellectuel très vivant, mais déchiré entre la tradition de vie commune – liturgie, vie organisée et réglée, obéissance à l'abbé – et la tradition érémitique issue de la Thébaïde, se jugeant comme la seule vraie vie monastique : pauvreté radicale, indépendance spirituelle sous la direction d'un maître que l'on choisit. Grégoire Palamas (page de gauche), à la suite des grands hésychastes, adopte une formule mixte : tantôt ermite, tantôt cénobite et même abbé, puis vivant dans un ermitage, seul en semaine, avec des frères les samedi et dimanche pour l'eucharistie et les entretiens spirituels.

Le corps participe à la prière

Grégoire Palamas insiste aussi sur la légitimité des pratiques psychosomatiques : cela, au nom de la nécessaire participation du corps à la prière, elle-même fondée sur l'Incarnation. Pénétrés de l'Esprit de Dieu, purifiés par l'ascèse, «comment manquerions-nous à la noblesse de l'esprit en gardant notre propre esprit à l'intérieur du corps»?

De même, il justifie les expériences de lumière : par la «théophanie», la manifestation de Dieu au Thabor, l'humanité de Jésus est déifiée, pénétrée de la lumière divine et l'homme peut participer à cette lumière divine. «Certains saints ont vu cette lumière comme un océan sans limites, s'écoulant de façon extraordinaire d'un soleil unique», et leur âme a été éclairée par ce rayon comme les yeux des disciples du Thabor.

D'un côté, il réaffirme la déification réelle : celle-ci est traditionnelle en Orient depuis Athanase († 373). «C'est quand ton âme aura atteint l'état divin que tu posséderas réellement Dieu à l'intérieur de toi-même.» Et de l'autre côté, il entend maintenir sauve la transcendance de Dieu, reprenant la théorie de Grégoire de Nysse et du Pseudo-Denys, à savoir la distinction entre l'Essence inconnaissable de Dieu et ses Energies dont l'homme participe. Celles-ci communiquent la vie divine aux créatures : «Ceux qui participent aux Energies et agissent en communion avec elles, Dieu en fait des dieux sans commencement ni fin, par grâce.»

Avec Grégoire Palamas s'achève l'âge d'or de la prière du cœur. Elle ne renaîtra en tant que telle qu'en Russie au XVIIe siècle. Pourtant, elle est l'une des formes de la mystique d'union essentielle à Dieu que l'on découvrira par la suite en Occident.

La Russie du XVIIIe siècle voit fleurir un renouveau de la prière du cœur (ci-dessous) que les pèlerins du XIXe siècle vont diffuser : «Je la pratiquais sans cesse et à la fin je sentis qu'elle se faisait d'elle-même, sans aucune activité de ma part. Elle jaillissait en moi-même pendant le sommeil» (*Récits d'un pèlerin russe*).

Sainteté n'est pas mystique : en Occident, la plupart des figures rayonnantes, tenues pour saintes par l'Eglise (à droite, une représentation byzantine de tous les saints), sont en dehors des courants mystiques; et la plupart des grands mystiques, connus par leurs textes, n'ont pas correspondu aux critères de la sainteté canonisée.

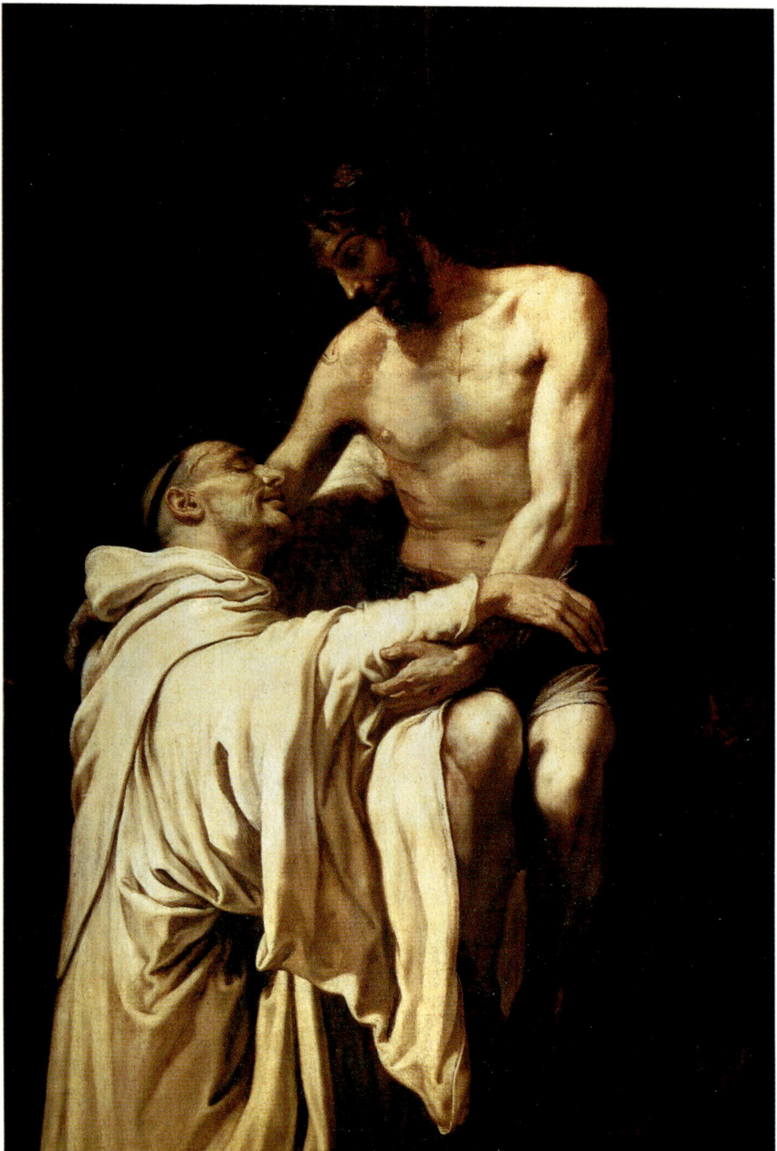

Le Moyen Age occidental voit fleurir diverses formes de mystique. La plus originale apparaît en pays flamand et rhénan. Les béguines, puis des spirituels, notamment dominicains, vont enseigner une mystique spéculative, audacieuse. Plus que tout autre, le nom de Maître Eckhart reste lié à ce courant. Il enseigne l'unité entre le fond de l'âme et la Déité inconnaissable.

CHAPITRE III
L'OCÉAN SANS FOND DE LA DÉITÉ (XIIe-XIVe SIÈCLES)

La «mystique» de l'Eglise primitive n'avait pas mis en valeur l'humanité souffrante du Christ. Saint Bernard (que le Christ, à gauche, prend dans ses bras), moine cistercien, l'inclura indissociablement, donnant une orientation décisive à la spiritualité chrétienne.

En Europe occidentale, les XIIe et XIIIe siècles sont un temps de grande vitalité économique, mais aussi religieuse, monastique et canoniale au XIIe, laïque au XIIIe, en rapport avec la naissance des ordres mendiants, dominicains (ci-contre, en haut) et franciscains (ci-contre, en bas).

La naissance de la mystique médiévale d'Occident

En abordant le Moyen Age latin, si l'on entend mystique en un sens plutôt large, on doit reconnaître l'existence d'une multitude de figures et de courants. Si le fil de la mystique unitive, issu du néoplatonisme chrétien, semble, en même temps que le plus aisé à suivre, celui de la voie la plus ambitieuse, la plus spéculative aussi – celle que nous avons suivie jusqu'à présent –, il est néanmoins indispensable d'évoquer une voie plus symbolique, plus affective de la mystique. Une voie incarnée par un personnage d'une immense importance, plus imaginatif et plus centré sur l'humanité du Christ qu'aucun de ses prédécesseurs : saint Bernard de Clairvaux (1090-1153). Le courant christologique inauguré par lui imprimera profondément sa marque sur toute la mystique à venir.

Bernard de Clairvaux : le thème de l'âme-épouse

Né en 1090, à Fontaines-lès-Dijon, Bernard devient moine à l'âge de vingt-deux ans par «mépris du monde». Moine non pas dans un riche monastère comme Cluny, mais dans le plus pauvre possible,

On peut parler d'une authentique «mystique» cistercienne, fondée sur la méditation de l'Ecriture et des Pères de l'Eglise, favorisée par le retrait et le silence du cloître. Centrée sur les mystères de l'humanité du Christ, assez affective, elle va marquer tout le Moyen Age par le relais du courant franciscain. A gauche, une figuration de la Règle de saint Bernard, qui fonda l'abbaye de Clairvaux et celle de Chiaravalle (ci-dessus).

Cîteaux, près de Dijon. Une communauté qui n'avait pas du tout prospéré et que son abbé, Etienne Harding, était sur le point de disperser. Bernard entraîne avec lui tout un groupe de jeunes nobles bourguignons dans cette nouvelle chevalerie qu'est à ses yeux l'ordre cistercien, créé en 1097. Trois ans plus tard, il fonde l'abbaye de Clairvaux. Dès lors, l'ordre va se propager. Voyageur infatigable, dès 1125, Bernard parcourt l'Europe, s'engageant dans toutes les affaires

L'austérité n'empêche pas l'amour des Lettres. L'ordre de Cîteaux (à gauche, l'abbaye de Cîteaux) cultive, dans ses écrits, sa correspondance, un raffinement littéraire surtout symbolique. Les commentaires du *Cantique des cantiques* ne se comptent pas. Cette vive sensibilité imaginative va conquérir, au XIIIe siècle, une vaste audience féminine.

de l'Eglise et de la société avec passion, parfois avec intolérance, lançant en 1145 la deuxième croisade. Il est en même temps un homme tendre qui s'épanche, au cours de prédications à ses moines, de façon très personnelle, ayant sans cesse recours à l'expérience : c'est la matière même du *Commentaire du Cantique des Cantiques*, très long texte (quatre-vingt-six

Cîteaux joue un rôle considérable dans la diffusion de la dévotion mariale, dont une des plus belles images médiévales est celle du manteau protecteur de Marie (ci-dessus).

sermons sur les seuls deux premiers chapitres), d'une grande liberté de composition. Il y est surtout question de l'amour de Dieu et pour Dieu, pour le Christ époux de l'Eglise ou crucifié, pour Marie. Chez Bernard de Clairvaux, la Vierge tient une place prépondérante, avec les images de l'«allaitement» et de l'«aqueduc des grâces». Le thème de l'âme-épouse est également fondamental pour saint Bernard et pour toute l'école cistercienne. Il exprime une haute expérience spirituelle en célébrant la réconciliation du haut et du bas, du céleste et du terrestre.

La spiritualité de Bernard de Clairvaux est empreinte d'une profonde nostalgie mystique. Son *Traité de l'amour de Dieu* est un itinéraire dont les degrés supérieurs – ravissement, extase, noces spirituelles – témoignent fortement d'une telle nostalgie : «Quand l'âme se jettera-t-elle toute en Dieu pour s'unir à Lui, ne faire qu'un avec Lui?» Mais il en réserve pour l'essentiel l'aboutissement à l'au-delà de la mort, la vie éternelle.

Maître spirituel, Bernard a su donner à Cîteaux son visage et son équilibre. Il déterminera un courant monastique d'une inépuisable fertilité. Sa

Les noces mystiques : le sermon XXIII sur le *Cantique des cantiques* rêve sur les divers «celliers» du poème, pièces où le bien-aimé et la bien-aimée se cherchent et se perdent. Bernard en vient à la «chambre» de l'Epoux. «Je ne crois pas prétendre que j'aie l'expérience d'une chose si exceptionnelle et m'arroger un privilège réservé à l'Epouse bienheureuse, [...]. Toutefois, si je ne savais rien, je n'aurais qu'à me taire. Ce que je puis savoir, je ne vous le cacherai pas jalousement. [...] Ecoutez jusqu'où je suis parvenu : il est un lieu, chez l'Epoux, d'où ce maître de l'univers prononce ses décrets et règle ses décisions [...]. Ce lieu est élevé, secret, mais point tranquille. Car bien que l'Epoux y prenne ses dispositions dans la douceur, il ne permet pas à l'âme que sa contemplation a pu mener jusque-là de demeurer en paix : par une action à la fois surprenante et très agréable, il travaille l'esprit qui l'interroge et l'admire jusqu'à lui ôter tout repos.»

Bernard (ci-contre, donnant sa règle et en haut dans la lettrine ci-dessous) et son ami Guillaume de Saint-Thierry (en bas dans la lettrine). Le propos de ce dernier est plus spécifiquement mystique. Dans sa *Lettre aux frères du Mont-Dieu*, il énumère les ressemblances entre l'homme et Dieu : l'action, la vertu et, au-dessus de celle-ci, «il en est encore une autre tellement particulière qu'on ne lui donne plus le nom de ressemblance

mais celui d'unité d'esprit. C'est quand l'homme devient avec Dieu une seule chose, un seul esprit, non seulement par l'unité d'un même vouloir, mais encore par [...] une vertu qui n'est plus capable de vouloir autre chose. On l'appelle unité d'esprit, non seulement parce que l'Esprit saint la réalise ou y dispose l'esprit de l'homme, mais parce qu'elle est l'Esprit saint lui-même, l'Amour-Dieu».

spiritualité illuminera tout le XIIe siècle mais, par la suite, c'est dans le courant franciscain qu'elle rencontrera le plus d'échos.

Guillaume de Saint-Thierry, la tradition des Pères grecs

Ami intime de saint Bernard, Guillaume de Saint-Thierry († 1148) fut lui aussi un spirituel cistercien inspiré. Plus théologien à proprement parler que Bernard, il donne pourtant comme lui pour centre à la vie religieuse l'image de Dieu à laquelle l'homme a été créé. Mais selon lui, cette image consiste dans sa nature rationnelle, qui permet à l'homme de connaître Dieu. Guillaume adopte la triple voie de la perfection : le premier stade est ce que l'on pourrait appeler la dévotion sensible, dans laquelle l'humanité du Christ occupe une place centrale. Le deuxième stade est la prière de l'homme «rationnel», qui appelle le Saint-Esprit à venir à son aide pour le conduire à une plus haute connaissance de Dieu. Le troisième et dernier stade est la prière de l'homme spirituel, dans laquelle l'âme contemple la gloire de Dieu révélant sa face.

Grand érudit, Guillaume de Saint-Thierry est porteur de la tradition proprement mystique des Pères grecs et du Pseudo-Denys. Cette tradition va être directement transmise par lui aux béguines rhéno-flamandes dont il est la première source – celle de leur mystique ontologique –, concurremment à une moniale hors du commun, Hildegarde de Bingen.

Les visions de Hildegarde de Bingen

Née en 1098 en Hesse (Allemagne), moniale dès son enfance chez les bénédictins, puis fondatrice de monastères et abbesse très influente, c'est par ses visions, très précoces, et ses prophéties que Hildegarde devient un personnage public. Malgré l'attitude prudente de saint Bernard, sa réputation de visionnaire et de prophétesse se répand à travers la chrétienté et elle compte parmi ses correspondants des prélats, des princes, des papes et jusqu'à l'empereur germanique Frédéric

Bernard a une vue imaginative des choses, spontanément symbolique; d'autres fois, l'allégorie est un procédé plus lourd de division de la matière qu'il expose (ci-contre «les douze degrés de l'humilité») comme les mystiques ultérieurs le feront pour les degrés de l'oraison. Mais il n'a pas de visions, il s'en méfie, même, et notamment de celles d'Hildegarde, qu'il admirera pourtant plus tard. Hildegarde écrit, à son habitude : «Voici que dans la quarante-troisième année de ma course temporelle, alors que je m'attachais avec beaucoup de crainte à une vision céleste, toute tremblante d'attention, je vis une très grande splendeur dans laquelle une voix se fit entendre du ciel, me disant [...].» Ce qu'on lui dit, elle doit le dire et l'écrire exactement comme elle le voit et l'entend : telle est l'absolue volonté de Dieu à son égard; telle avait-elle été pour les prophètes de la Bible.

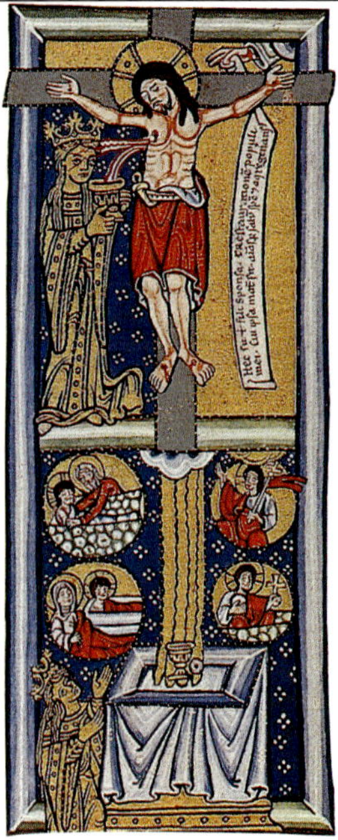

Barberousse. Une voix intérieure lui dicte ce qu'elle doit écrire et répondre à ceux qui la sollicitent. Ses intuitions sont fulgurantes. Hildegarde discerne le sens de l'Ecriture sainte, explique en les intériorisant certains faits d'ordre historique relatés dans la Bible. Cette femme étrange possède une culture universelle s'étendant sur la théologie, la métaphysique, l'histoire, la science.

La pensée de Hildegarde s'appuie sur la connaissance de soi comme fondement de toute connaissance : «O homme, regarde-toi, dit-elle, tu as en toi le ciel et la terre.»

Faisant preuve d'un don psychologique peu commun, Hildegarde étudie son état intérieur et son comportement extérieur lors de ses visions : «Ce que j'entends, ce n'est pas par mes oreilles corporelles; ce que je perçois, ce n'est ni par les pensées de mon cœur ni par aucun de mes cinq sens, mais uniquement dans mon âme, les yeux ouverts : ainsi n'ai-je pas défailli par une extase» (lettre à Guibert de Gembloux). Ses visions sont-elles des récits symboliques, ou bien témoignent-elles d'autres états de la conscience qui ne sont pourtant pas des hallucinations? Hildegarde croit en l'Esprit saint qui lui révèle ses vues et visions, et beaucoup lui donnent raison : «Nous nous félicitons de la grâce de Dieu qui est en toi», écrit finalement saint Bernard.

Au cours de ses voyages, de ses rencontres, par le biais de ses écrits, elle va influencer profondément le courant mystique naissant dans les béguinages rhéno-flamands. Ces communautés féminines, nouvellement créées sous l'impulsion d'un prêtre de Liège, Lambert le Bègue, sont attirées par le parti pris de Hildegarde d'un discours théologique non technique, par sa pensée imagée et symbolique, au sein d'un univers où toutes choses se répondent, par son optimisme fondamental, par enfin son insistance sur le rôle de la femme et sur la figure féminine et maternelle de Dieu.

Les béguines

Au XIIIe siècle, les béguinages sont largement répandus dans la région rhénane et les Flandres, une région qui connaît alors une période d'effervescence urbaine, économique et communale.

Le *Scivias* (1551) de Hildegarde (ci-dessus), comprend vingt-six visions, un commentaire et une sorte d'opéra. L'image du Créateur (page de gauche, à droite) illustre la première vision : «Je vis comme une grande montagne couleur de fer, et sur elle quelqu'un était assis, resplendissant d'un tel éclat que sa lumière offusquait ma vue; et, de chaque côté, le voilant d'une ombre douce, une aile, merveilleuse de longueur et de largeur, s'étendait. Et devant lui, au pied de la montagne, une figure toute pleine d'yeux se tenait [...] et, devant elle, était une autre figure d'enfant, sombrement vêtue, mais chaussée de blanc, sur laquelle descendait une telle clarté, rayonnant de celui qui se tenait sur la montagne, que je ne pouvais plus regarder sa face.» A gauche, la deuxième vision.

VIIII

VI
V IIII

Le cosmos de la prophétesse

Au début des visions du *Scivias*, figure une attestation divine de leur authenticité : «Fragile être humain, cendre de cendre et pourriture de pourriture, dis et écris ce que tu vois et entends. Mais parce que tu es peureuse pour parler, naïve pour exposer et ignorante pour écrire cela, dis-le et écris-le en te fondant non pas sur le langage de l'homme, non pas sur l'intelligence de l'invention humaine, non pas sur la volonté humaine d'organisation, mais en te fondant sur le fait que tu vois et entends cela d'en-haut, dans le ciel, dans les merveilles de Dieu. [...] Et à nouveau, j'entendis une voix du ciel qui me disait : "Proclame donc ces merveilles, écris les choses que tu as ainsi apprises et dis-les."» Les images des pages précédentes viennent de divers livres d'Hildegarde : du *Scivias*, «l'homme au centre de l'univers» et «les saisons» pour les deux premières; du *Livre des œuvres divines à l'intention de l'homme simple* pour les deux suivantes; du *Scivias* à nouveau pour les deux dernières, «la sixième vision» (en page de gauche) et «la Synagogue, mère de l'incarnation du fils de Dieu, portant les prophètes dans son giron» (ci-contre).

Là, un certain nombre de femmes cultivées ont inventé depuis quelques dizaines d'années des formes inédites de vie religieuse sans vœux. Peut-être parce qu'elles n'ont pas assez de quartiers de noblesse pour entrer dans les grands monastères; peut-être aussi parce que les ordres religieux ne veulent pas ouvrir assez de nouveaux couvents pour accueillir toutes ces vocations; peut-être enfin parce que les femmes non mariées des classes supérieures n'ont pas la ressource de prendre un métier. Elles se livrent à des travaux manuels, au soin des malades, à la toilette des morts. Certaines errent et mendient, jusqu'à ce que de vives critiques ecclésiastiques amènent à créer pour elles des quartiers de vie semi-recluse : les béguinages. Quoi qu'il en soit, elles désirent promouvoir un renouveau évangélique par la pauvreté et la charité, dans la joie spirituelle.

Les béguines subissent l'influence de la littérature d'amour courtois et celle de la mystique nuptiale des cisterciens (la métaphore de l'âme-épouse développée par saint Bernard). Le plus frappant chez elles est l'essor d'une mystique d'origine grecque, dans laquelle il est question du retour de l'âme à son origine en Dieu par un dépouillement, voire un anéantissement, en vue d'une union sans intermédiaires et d'une véritable divinisation. La vie morale en découle plutôt que d'y préparer : ses règles sont donc relativisées, ainsi que celles de l'institution religieuse, sans immoralisme cependant (comme chez les Frères du Libre Esprit accusés d'une mystique panthéiste et d'un dépassement de la morale commune) ni rejet de l'Incarnation (comme chez les Cathares).

Les béguines ne veulent être ni des moniales ni des mères de famille. De là une sorte d'asocialité qui fera problème. Une fois que l'on aura inventé pour elles un cadre de vie acceptable, dans les béguinages, elles se livreront à des petits métiers courants (ci-dessous, une fileuse). Issue, au XIIe siècle, des visions d'Elisabeth de Schönhau – mais déjà de saint Bernard –, puis, au XIIIe siècle, de la doctrine du prémontré Hermann de Steinfeld , la «mystique» mariale est figurée ci-contre par des béguines vénérant la Vierge à l'Enfant.

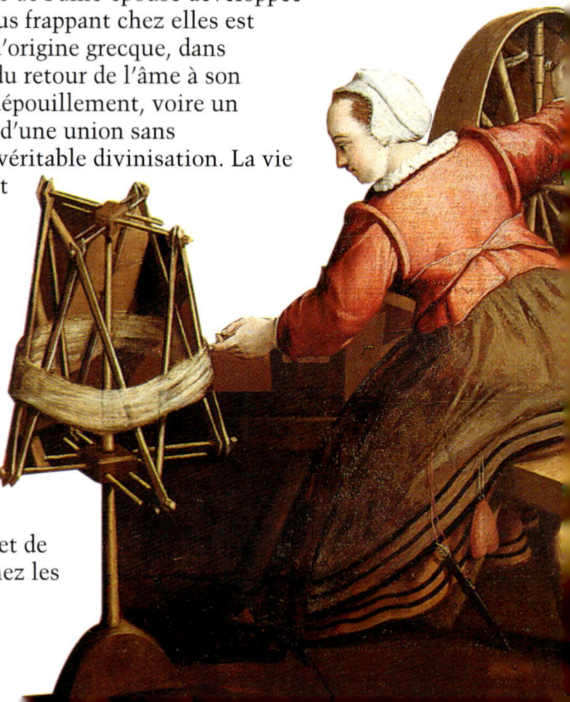

Mechtilde de Magdebourg : une liaison essentielle à Dieu

Dans *La Lumière ruisselante de la Déité*, Mechtilde de Magdebourg (v. 1208-v. 1290) écrit en langue vivante – et non plus en latin – des poèmes en prose rythmée où l'on découvre l'influence du courant dominicain néoplatonicien, issu d'Albert le Grand (1200-1280), philosophe et théologien qui fut, entre autres, le maître de Thomas d'Aquin. Les poèmes de Mechtilde portent aussi fortement la trace du succès immense de Denys depuis le milieu du XIIe siècle. Ses prophéties importent moins que sa mystique déjà fortement unitive – retour irrésistible de l'âme à sa nature cachée en Dieu, pour se fondre en Lui sans que rien puisse exister entre eux –, qui est d'abord le témoignage d'une «expérience». L'expérience de son propre désir et du désir que Dieu a d'elle : «Dieu brûlant dans son désir», dit-elle, affirmant là un premier trait plus biblique que platonicien.

Expérience aussi de son bonheur infini par la rencontre de ces deux désirs, mais également de la longue sécheresse que Dieu lui fait endurer, non tant par sa transcendance que par sa liberté – autre note biblique. Cette sécheresse, elle l'accepte à la suite du Christ souffrant, jusqu'à la ténèbre, l'incroyance et

Mechtilde de Magdebourg fut d'abord béguine avant de devenir cistercienne. Poésie d'amour, son œuvre garde la trace des chants des *Minnesänger* – «troubadours» –, en même temps que les aspirations extatiques issues des Pères grecs. «L'amour de Dieu en cinq points», inspiré par le *Cantique des cantiques* (1, 13) : «Ô Dieu, toi qui te déverses en ton don! / Ô Dieu, toi qui ruisselles en ton amour! / Ô Dieu toi qui brûles en ton désir! / Ô Dieu, toi qui fonds dans l'union avec ton aimé! / Ô Dieu toi qui reposes entre mes seins, sans toi je ne peux être!» Ci-dessus, une page de *La Lumière ruisselante de la Déité.*

l'abandon, jusqu'à se réjouir d'être aliénée de Dieu, «en enfer». L'expérience, enfin, de son entrée dans le mystère de la Trinité : «Dieu le Père est l'échanson de cette vie enivrante, le Fils est la coupe, l'Esprit est le vin.» Calomniée et poursuivie par l'autorité religieuse, surtout à cause de sa critique du clergé – dans son livre *La Lumière ruisselante de la Déité*, elle blâme les gens spirituellement tièdes, le «clergé

Albert le Grand (ci-dessous et à gauche), né en Souabe en 1193, philosophe, théologien et maître à Paris (Maubert = Maître Albert) puis à Cologne, fut le maître de Thomas d'Aquin et d'une lignée originale de dominicains allemands.

ALBERTVS MAGNVS BOLſtadius, ex ordine Equeſtri clariſsimis natus parentibus Lavingæ, Anno ſalutis, M. CCXCIII.

Summo ingenio, ſumma præditus eruditione, adeo que omnium doctrinarum ſummè ſtudioſus:
PHILOSOPHIAE & Theologiæ Doctor Maximus:
PROFESSOR Academiæ Pariſienſis & Colonienſis celeberrimus:
Solertiſſ. naturæ ſpeculator, rerumque obſcurarum indagator atque explicator planè admirabilis:
PRAESVL tandem & Epiſcopus creatus Ratiſponenſis:
Qui ſuâ ætate omnes ingenio, doctrinâ, eloquentiâ ſuperauit:
Literis denique, & ſtudijs immortuus Coloniæ Agrippinæ,
Quò vltrò abdicato Epiſcopatu ad ocium literarium rurſus extremâ ſenectâ conceſſerat:

de cathédrales», ainsi que les princes et dames de châteaux –, Mechtilde finit ses jours dans un monastère cistercien.

Hadewijch d'Anvers : «A toute heure amour est neuf»

Hadewijch d'Anvers (v. 1200-v. 1260) fait un pas de plus dans l'audace spéculative. Elle fut un très grand écrivain flamand, un guide spirituel, qui vécut et enseigna une expérience de plénitude, dans une pure union. La description de cette expérience comporte de fortes connotations érotiques et l'idée d'un rebondissement constant. «A toute heure amour est neuf», disait-elle. On retrouve chez elle l'idée que ce qui est, au fond de nous, notre être originaire et encore incréé en Dieu entend un appel. Notre réponse ressemble d'abord à un enfant, qui naît dans l'abîme insondable de l'âme. Puis une lente progression se produit dans le temps jusqu'à un repos et un silence, un dépassement de soi dans l'Unité avec Dieu. Alors on est devenu «tout cela que Cela est, et à ce moment l'Unité a eu ce qu'elle exigeait». On a renoncé à tout, pour exiger le tout de Dieu comme notre bien propre. Cette expression un peu inquiétante d'un désir archaïque de plénitude, risquant d'empêcher toute vie dans les limites de notre finitude, est compensée par une insistance sur la

La mystique des béguines est féminine, écrite en langue vivante, très radicale, donc mal supportée socialement. Il y a chez Hadewijch et l'auteur inconnu nommé «Hadewijch II» un extrémisme mystique. La première : «Soyez prompte et zélée en toute vertu – et n'ayez garde de vous appliquer à aucune. Ne négligez aucune œuvre – et ne faites rien de particulier. Soyez bonne et pitoyable à toute misère – et ne prenez soin de personne.»

La seconde : «Dans l'éternité immense, sans bornes, l'âme est séparée, dilatée, sauvée, engloutie par l'Unité [...]. Dans l'intimité de l'Unité, elle est pure intérieurement, nue, sans images, sans figures, comme libérée dans l'éternité, incréée, dans un espace silencieux, sans limites» (Poème XVII). Ci-dessus, une béguine en prière au pied de la croix, laquelle apparaît dramatisée dans le tableau de Mathias Grünewald.

miséricorde envers le prochain et l'affirmation selon laquelle être «Dieu avec Dieu» implique d'être homme avec son humanité. Hadewijch enseigne l'amour heureux par son insatisfaction même : «Ce que l'amour a de plus doux, ce sont ses violences; son abîme insondable est sa forme la plus belle; se perdre en lui, c'est atteindre le but; être affamé de lui, c'est se nourrir et se délecter; l'inquiétude d'amour est un état sûr; [...] s'il se cache, il nous dévoile ses secrets; c'est en se refusant qu'il se livre; il est sans rime ni raison, et c'est là sa beauté.»

Le vivier rhénan

La naissance des frères-prêcheurs dominicains est un beau fruit du réveil évangélique du XIIIe siècle. Saint Dominique a voulu une

prédication de l'Evangile enracinée dans la prière, la pauvreté, la vie commune avec des institutions démocratiques et une participation aux universités naissantes. De là un succès considérable, notamment dans la région rhénane, où les frères furent les protagonistes d'un grand courant mystique. Pourquoi là? A ce moment? Est-ce l'effet d'un développement urbain effervescent? Ou des malheurs de la fin du XIIIe et du début du XIVe siècle : guerres, épidémies, schismes?

A Strasbourg, par exemple, se constitue un réseau d'amitiés spirituelles ardentes comprenant des dominicains, des séculiers (comme Henri de Nordlingen, traducteur de Mechtilde), des laïcs et des moniales. Celles-ci étaient très nombreuses dans la région : jusqu'à soixante-dix monastères entre Cologne et Colmar. Les frères prêchent chez elles et leur prise en charge devient un ministère spécialisé.

La Rhénanie, cette province dominicaine allemande, avait, entre 1250 et 1350, une tradition théologique propre remontant à Albert le Grand (v. 1200-1280), et particulièrement apte à servir d'appui à une mystique unitive. Elle avait pour sources les Pères grecs, un néoplatonisme très aigu parce que nourri des récentes traductions de Proclus, des textes du philosophe arabe Avicenne (qui met l'accent

Beaucoup de dominicaines rhénanes (ci-dessus, en page de gauche, et au centre recevant un évêque), si nombreuses aux XIIIe et XIVe siècles, se sont engagées sur la voie de la mystique unitive en suivant quelques frères éminents. Malgré les relations constantes à l'intérieur de l'ordre, ce courant ne s'y est pas propagé. Il ne s'accorde pas parfaitement avec l'«esprit» dominicain – car on ne peut parler d'une «spiritualité» ou encore moins d'une «mystique» caractéristiques de l'ordre en général. Ce en quoi les dominicains mystiques rhénans sont bien des frères prêcheurs, c'est à la fois par leur souci d'une vraie liberté spirituelle et par leur volonté de réfléchir avec rigueur à leur expérience.

sur la transcendance de l'âme par rapport au corps). Sans oublier Augustin (dont le lien à Dieu est déjà extraordinairement immédiat et intériorisé) ni le Pseudo-Denys (avec son système hiérarchique d'illumination) qu'ils tentent d'accorder entre eux. Les Rhénans voient la «profondeur cachée» ou la ténèbre de l'Un illuminer et diviniser l'«étincelle» ou le «fond secret» de l'âme, et ils insistent sur le caractère intellectuel de cette vision. Une telle théologie est d'emblée accordée à une mystique : celle dont Maître Eckhart sera le théoricien.

Maître Eckhart

Né en 1260 à Thuringe, Maître Eckhart entre jeune au couvent dominicain d'Erfurt. Ayant étudié à Cologne, fief de Maître Albert, et à Paris, où il reçoit le titre de maître de théologie, il exercera toute sa vie de lourdes charges de supérieur, qui impliquent de nombreux voyages et témoignent de la confiance de son ordre.

Il ébauche une œuvre immense, l'*Opus tripartitum*, spéculatif, biblique et pratique, dont il reste des fragments, des commentaires de l'Ecriture et des schémas de sermons latins.

Mais les textes mystiques essentiels sont ses traités et sermons allemands. Maître Eckhart y donne une place éminente à la vie intérieure et à la liberté qu'elle engendre.

Philosophe et théologien – les deux registres plus juxtaposés qu'accordés –, Boèce (485-525, ci-contre) a été un maître au Moyen Age, selon les uns par ses commentaires d'Aristote et sa *Consolation de la philosophie*, pour les autres par ses traités comme le *De Trinitate*. Eckhart (manuscrit en page de droite) est aussi un esprit rigoureux et spéculatif au point qu'on a soutenu qu'il n'avait pas d'expérience mystique. Ce jugement est arbitraire, mais il a pu s'appuyer surtout sur celle des autres.

Une liberté qui ne laisse pas d'inquiéter l'institution : traités et sermons seront dénoncés par l'archevêque de Cologne, qui n'aime pas les dominicains et qui assimile Eckhart aux Frères du Libre Esprit. En 1326, l'archevêque fait faire une enquête qui aboutit à une liste de propositions suspectes de Maître Eckhart. On lui reproche de nier les Personnes divines de la Trinité, d'affirmer l'éternité du monde, de dire que les créatures sont un «pur néant», que les œuvres extérieures sont inutiles. Eckhart a beau se défendre, on ne l'entend pas, et certains de ses frères intriguent même contre lui. C'est dans ces circonstances qu'il fait appel au pape et est entendu en Avignon, protestant de sa bonne foi et de sa soumission, affirmant que l'on peut entendre de façon orthodoxe ses formules paradoxales. Peu après sa mort – vers avril

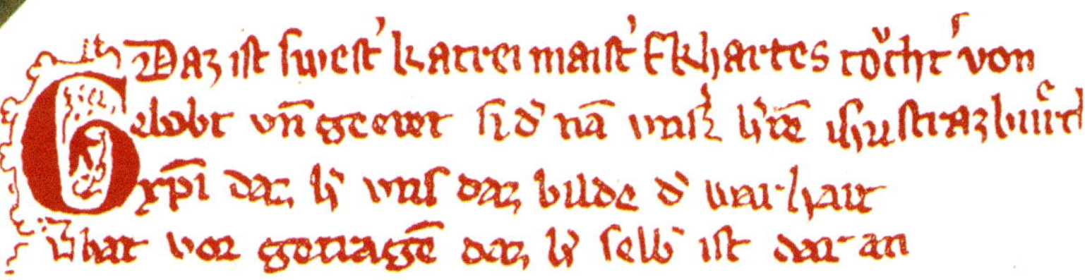

1328 –, il est condamné par Jean XXII pour dix-sept propositions erronées et onze autres suspectes.

Comment donner un aperçu de cette pensée à la fois métaphysique, audacieusement théologique et mystique? On ne peut séparer ces points de vue, et l'on ne peut pas davantage considérer Eckhart comme un pur dialecticien sans vie spirituelle. Même là où il dépend de diverses traditions, la synthèse et la force des expressions lui sont propres.

L'Un, au-delà du Dieu créateur

Eckhart met l'accent sur une distinction, pour lui fondamentale, entre l'Essence divine ou Déité (*Gottheit*) et Dieu (*Gott*), ce qui n'est pas sans faire problème au regard du Nouveau Testament.

Surnommé «Docteur illuminé et Procureur des infidèles», Raymond Lulle est un chevalier catalan devenu apôtre : un apologète, un maître en connaissance «scientifique» (à gauche, une cosmologie de son *Ars Magna*), un féru de culture et religion musulmanes (il est passé de la croisade au dialogue). Il a écrit une œuvre immense, qui culmine avec le *Livre de l'ami et de l'aimé*, situé entre les troubadours et le soufisme.

«L'ami dit à l'aimé : «Toi, qui remplis de clarté le soleil, remplis mon cœur d'amour.» L'aimé répondit : «Sans plénitude d'amour tes yeux ne seraient pas en pleurs, et tu ne serais pas venu en ce lieu pour voir ton amoureux.» [...] L'aimé demanda à l'ami : «Te souvient-il de quelque chose dont je t'ai gratifié, parce que tu veux m'aimer?» Il répondit : «Oui, puisque entre les peines et les joies que tu me donnes je ne fais pas de différence.»»

Raymond Lulle, *Livre de l'ami et de l'aimé*

La première, qu'il nomme l'Un, représente le Fond, l'origine des Personnes divines. Le second est le Dieu créateur. La Déité devient Dieu par rapport aux

créatures, Dieu connaissable.

Cette Déité est, elle, absolument inconnaissable et innommée. Eckhart porte à l'extrême la théologie négative : l'Un est un «pur néant», c'est-à-dire l'opposé de tout ce qui est et peut être connu.

Notre origine se trouve dans cet Etre de Dieu, dans cette Etre défini de façon négative comme Néant. Nous étions là nous-mêmes avant toute création et nous créions avec Dieu, nous enfantant nous-mêmes à partir de nous-mêmes.

En tant que créé, fini, séparé de Dieu, l'homme n'est plus rien de vrai, n'est plus amour; les créatures sont

Avec ses proliférations marginales, la lettrine ci-contre, tirée d'un livre d'office quotidien dominicain de Colmar, évoque la germination spirituelle, c'est-à-dire la naissance du Verbe dans l'âme. On peut la rapprocher d'un poème extraordinaire, attribué – sans doute de façon légitime – à Maître Eckhart, et intitulé *Le Grain de sénevé*.

❝Ce point est la montagne / à gravir sans agir / Intelligence! / Le chemin t'emmène / au merveilleux désert, / au large, au loin, / sans limite il s'étend. / Le désert n'a / ni lieu ni temps, / il a sa propre guise. […] «Ô mon âme, / sors! Dieu, entre! / Sombre tout mon être / en Dieu qui est non-être, / Sombre dans ce fleuve sans fond! / Si je te fuis, / Tu viens à moi. / Si je me perds, / Toi, je te trouve, / ô Bien essentiel!❞

Maître Eckhart,
Le Grain de sénevé
(Mc 4, 31)

un «pur néant» opposé à l'Etre originel. Mais Dieu est en toutes choses et les embrasse par son amour. Saisi par cet amour, l'homme désire : il aspire à rejoindre Dieu, à retrouver l'Image : l'Etre éternel qu'il fut et demeurera à jamais.

Sortir de soi pour rencontrer Dieu

A cette fin, l'homme doit être hors du monde, se dépouiller de toutes les créatures, renoncer à soi et même à Dieu comme étant un autre, accomplir la volonté divine jusque dans la souffrance, jusqu'à l'enfer s'il Lui plaisait.

L'homme ainsi devenu «pauvre», Dieu doit agir et s'épancher en lui : au terme de la nature accomplie advient la grâce. Mieux : Dieu n'est plus en l'homme, mais l'homme est dans la Déité.

Au-delà de l'union d'intelligence et d'amour, il y a l'Unité. Il faut aller non seulement par-delà tout affect et toute psychologie, mais par-delà même la vision : on est uni essentiellement à Dieu en son Essence et, cela, rien ne peut le troubler. L'âme dépasse la vision réfléchie : elle est en Dieu.

La naissance du Verbe dans l'âme

Ce qui en moi est ainsi capable de Dieu, c'est le plus intérieur, le plus élevé, le Fond, le «château fort», l'étincelle inconnaissable et qui n'est accessible qu'au Fond originel de Dieu, à l'Un sans mode. Etincelle identifiée d'abord à l'Intellect de l'âme, puis à son Essence : c'est l'Un transpersonnel qui ne fait qu'un avec l'Unité.

On peut exprimer ce mystère en disant que ce qui a lieu, c'est la naissance du Verbe dans l'âme. Le Père l'y engendre exactement comme dans l'éternité. Incarnation, en quelque sorte, car c'est ici-bas, dans le corps, qu'il nous faut vivre cela. L'âme, dans sa «percée», grâce à l'Esprit, a dépassé «Dieu» en son propre fond pour se trouver, au terme, dans le «néant innommé», le «silencieux désert», l'«océan sans fond de la Déité». De telle sorte que «Lui et moi devienne un seul être».

Comme Marie de Béthanie, la sœur de Marthe – «Assise aux pieds du Seigneur, elle écoutait sa parole, [...] elle a choisi la meilleure part» (Lc 10, 38-42) –, Jean est une figure traditionnelle de la vie contemplative – «Si je veux qu'il demeure jusqu'à ce que je vienne» (Jn 21, 22). Si les représentations de la Cène figurent habituellement Jésus entouré de ses douze disciples, les milieux mystiques rhénans, en particulier les dominicaines et les cisterciennes, réduisent cette compagnie au seul Jean, dont on dit que Jésus l'aimait (Jn 13, 23). Un style plus individuel, plus érotique aussi – «Son bras gauche est sous ma tête et sa droite m'étreint» (Ct 2,6) –, ce qui ne veut pas dire plus affectif, est par là souligné. Ci-dessous, le Christ et saint Jean.

En lisant Eckhart, on touche à l'extrême de la mystique néoplatonicienne vécue par des chrétiens. Jusqu'à quel point est-elle vraiment christianisée? La question reste au cœur de l'un des grands paradoxes de la mystique.

La filiation d'Eckhart

Disciple d'Eckhart, le Strasbourgeois Jean Tauler († 1361), est membre actif du groupe des Amis de Dieu, prédicateur et conseiller des moniales.

Il diffuse la doctrine du maître, de façon moins spéculative et un peu atténuée; il la défend, la réexprime, en des sermons pleins de douceur, dans une ligne plus nourrie d'expérience et plus biblique. On retrouve chez lui la naissance du Verbe dans l'âme, idée étrangère à la tradition ancienne mais capitale pour les Rhéno-Flamands.

Ainsi, dans son sermon pour la fête de Noël : «La première et la plus sublime naissance est celle du Fils unique engendré par le Père céleste dans l'Essence divine, dans la distinction des Personnes. La seconde naissance fêtée aujourd'hui est celle qui s'accomplit par une mère qui dans sa fécondité garda l'absolue pureté de sa virginale chasteté. La troisième est celle par laquelle Dieu, tous les jours et à toute heure, naît en vérité, spirituellement, par la grâce et l'amour dans une âme bonne.»

On connaît bien, grâce à son autobiographie en partie authentique, la vie d'un autre disciple : Henri

L'un des douze dessins illustrant l'autobiographie du «bienheureux» Henri Suso (ci-dessus) le représente, dans sa partie basse, arrivant au ciel et accueilli par un ange, dans un contexte d'apocalypse (trompettes, cavaliers), tandis qu'au-dessus on le voit en conversation avec le Christ. A droite, Henri Suso par Zurbarán.

Suso de Constance (1296-1360). Esprit tourmenté, homme de souffrance par la maladie et la persécution, il est l'auteur de plusieurs traités spirituels dans lesquels il explique la doctrine d'Eckhart en la rendant plus proche de Thomas d'Aquin. Avec son style plus lyrique que celui de Tauler, laissant davantage affleurer son expérience, il a pu paraître à certains le plus accessible des Rhénans. D'autres sont plus sensibles chez lui au dolorisme et au poids de son psychisme. Sa doctrine reste pour l'essentiel celle du maître, même si la présence du Christ y est plus centrale : «Un homme renoncé doit être détaché des formes créées, formé avec le Christ et transformé dans la Déité. [Au terme,] dans cette ténébreuse absence de mode, toute multiplicité s'évanouit et l'esprit perd son être propre : il disparaît quant à sa propre activité. Tel est le but suprême, où aboutit l'élan spirituel de tous les esprits. D'être perdu ici pour toujours constitue le bonheur suprême.»

Un célèbre sermon du prédicateur alsacien Jean Tauler (ci-dessus) sur la soif spirituelle s'appuie sur le psaume 42 – «Comme languit une biche / après les eaux vives» – et sur l'Evangile de saint Jean – «Si quelqu'un a soif, qu'il vienne à moi et qu'il boive» (Jn 7, 37). Ainsi les âmes s'enivrent, puis s'effrayent. «Hélas ! Qu'en peuvent-ils de s'être enivrés à ce point ? Ils avaient très soif, et on leur a donné pleine satisfaction. Mais par là le Seigneur les a attirés, les a arrachés à eux-mêmes.» A présent, il les prive des consolations sensibles pour les entraîner à le chercher par leurs facultés supérieures, afin qu'ils soient ravis dans l'Unité. «Là, on boit l'eau vive à sa propre source, véritable et essentielle. Ah ! Qu'elle est douce, fraîche et limpide !» (Sermon pour le lundi avant les Rameaux).

Ruysbroeck et les «Quatre Tentations»

Le Brabançon Jean Ruysbroeck s'inscrit dans la tradition d'Eckhart et en commente les principaux thèmes. Né en 1293 et mort en 1381, il est un contemporain de Tauler qui fut en rapport avec lui mais ne le rencontra sans doute jamais. Proche par la pensée, différent par le style, il vécut dans un autre milieu, qui rappelle davantage celui des béguines. Jeune prêtre qui exerce son ministère à Bruxelles, où il a étudié, il goûte déjà à une expérience mystique unitive, et il écrit ses premiers traités en langue vivante. Il combat vigoureusement l'enseignement pseudo-mystique des Frères du Libre Esprit, contre lequel Tauler et Suso eurent aussi à lutter, mais qui était particulièrement répandu et influent aux Pays-Bas.
En 1343, Ruysbroeck se retire dans l'ermitage de Groenendal, près de Bruxelles, accompagné de plusieurs amis prêtres, afin de mener une existence «sainte et retirée». En 1350, la Communauté adopte la Règle des Chanoines réguliers de saint Augustin et Ruysbroeck en devient le prieur. Sa réputation de sainteté et de sagesse se répand à travers l'Europe et attire plusieurs disciples désireux d'être dirigés par lui. Une influence personnelle qui se perpétuera après sa mort grâce à un disciple, Gérard Groote, et les «frères et sœurs de la vie commune» qui sont à la source de la *Devotio moderna*, le plus fort courant spirituel du XVe siècle.
Il écrit là ses derniers ouvrages, dont la diffusion sera par la suite entravée

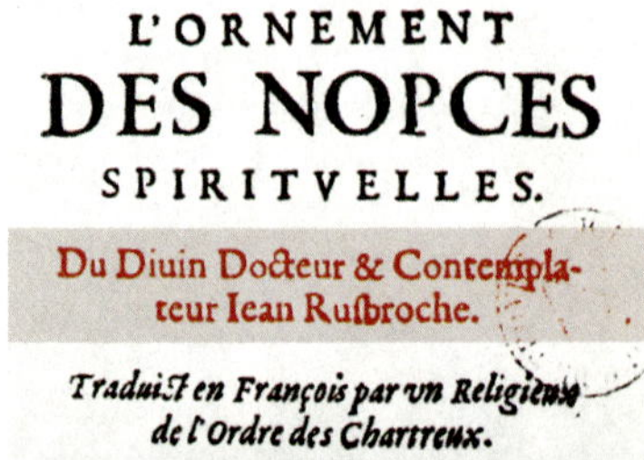
L'ORNEMENT
DES NOPCES
SPIRITVELLES.
Du Diuin Docteur & Contemplateur Iean Rusbroche.
Traduict en François par vn Religieux de l'Ordre des Chartreux.

A TOLOSE,
De l'Imprimerie de R. COLOMIEZ
Imprimeur du Roy. 1613.
Auec priuilege du Roy.

par de grandes figures «orthodoxes» comme Jean Gerson et Bossuet.

Dans ses traités, on trouve toute la substance de la mystique dionysienne et rhénane, mais avec un accent, une ferveur, un style imagé, un caractère qui le rendent très différent. Ruysbroeck enseigne la triple voie vers l'union mystique, décrite dans le *Livre des noces* (ou *Ornement des noces spirituelles*) : conversion chrétienne d'abord; cheminement spirituel vers des états d'oraison de plus en plus élevés ensuite; états supérieurs enfin, où l'on «contemple Dieu par Dieu même», où l'on devient même «Dieu avec Dieu». On reçoit de Lui «une parole unique profonde comme l'abîme» et l'on rejoint son propre être incréé et éternel. Cette mystique, caractérisée par la joie et la lumière, se retrouve dans un merveilleux petit traité sur le discernement spirituel : *Le Livre des quatre tentations*.

L'héritage des Rhéno-Flamands

Bien que suspects aux yeux de l'institution religieuse, la mémoire des mystiques rhéno-flamands restera fortement présente dans les siècles à venir. Transmise

Ruysbroeck le Brabançon (page de gauche et, ci-dessus, l'abbaye de Groenendal dont il fut le prieur) est un audacieux, non un extrémiste. Il reconnaît la valeur des «fidèles serviteurs de Dieu», vertueux et actifs. Mais il marque le privilège des «amis secrets», attentifs à Ses conseils plus intimes. A leur sujet, il écrira : «Là se révèle le silence obscur, qui demeure inactif au-delà de tous les modes. Là nous sommes trépassés et nous vivons au-dessus de nous-mêmes. Car là se trouvent notre jouissance et notre béatitude. Là nulle parole ne fut jamais prononcée dans l'unité des personnes.» Mais eux aussi doivent pratiquer l'amour et les vertus.

indirectement, comme à travers certaines œuvres attribuées à Tauler, ou directement comme par l'intermédiaire du franciscain Harphius, elle sera l'héritage des grands mystiques espagnols du XVIe siècle.

La communication aisée entre Flandres et Espagne, reposant sur de forts et anciens liens économiques, et la découverte de l'imprimerie y contribueront puissamment. Les publications de Harphius, Ruysbroeck et Tauler par le chartreux Laurent Surius, ainsi que le condensé des institutions par Louis de Blois seront diffusés en Espagne. Thérèse d'Avila lira Ruysbroeck, Jean de la Croix également, lequel fréquentera aussi Harphius, Tauler et Eckhart.

Deux femmes

Dans le même temps, en Italie, l'expérience spirituelle mystique prend une tonalité moins spéculative et plus spécifiquement chrétienne et marquée par la charité. Deux personnalités féminines de premier ordre illustrent cette mystique : Angèle de Foligno et Catherine de Sienne. L'une est en plein dans la tradition franciscaine. L'autre est imprégnée

En Italie, à la fin du XVe siècle, la «mystique» passe par la spiritualité de François d'Assise. Cette dernière est attestée par les Ecrits du saint, et par les expériences vers lesquelles l'amour du Christ l'a conduit : les lépreux, la pauvreté radicale, la méditation passionnée sur les souffrances de Jésus, un élan vers Dieu comme souverain Bien, l'eucharistie, la présence de l'Esprit consolateur, la communion à la fraternité de toutes les créatures. La littérature franciscaine a synthétisé tout cela par l'idée d'une «conformation au Christ», et saint Bonaventure a reconnu en François le maître d'un itinéraire mystique qu'il décrit symboliquement : degrés culminant par l'extase de l'union à Dieu. Issue de cette spiritualité, Angèle de Foligno (à droite et, ci-contre, le sanctuaire de Foligno) est connue pour son rayonnement sur des disciples franciscains «spirituels», son action en leur faveur, et le livre où s'inscrit son témoignage : le *Mémorial d'Arnauld de Foligno*, qui retrace son itinéraire, inséparable de ses *Instructions*.

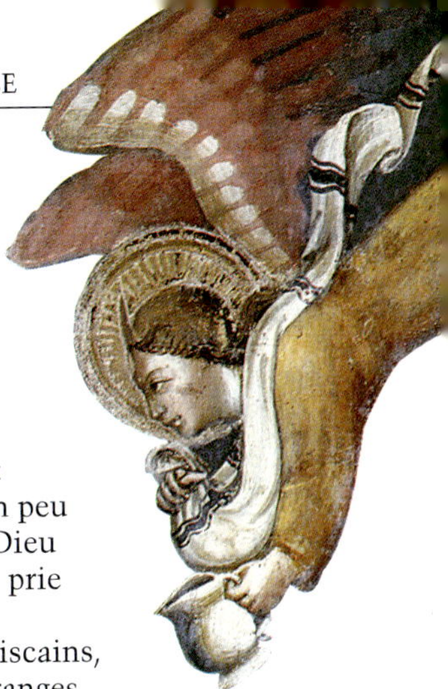

par le milieu dominicain. L'une, Italienne de la classe aisée, en Ombrie, mène une vie mondaine. L'autre est fille d'un petit teinturier toscan. A un siècle de distance, il y a un certain parallélisme biographique entre Angèle et Catherine, dans une religion laïque, urbaine, où le rôle de la femme est important.

Angèle de Foligno se convertit en 1285, à l'approche de la quarantaine, puis perd mari et enfants. Au vrai, cette perte revêt un aspect un peu particulier : ne pouvant répondre à l'appel de Dieu tant qu'elle a à vivre avec mari et enfants, elle prie pour leur mort et sa prière est exaucée.

Elle se met alors à l'école de spirituels franciscains, qui se méfient des phénomènes étranges qu'elle atteste. Elle est en effet, vers cette époque, submergée par des états qui la laissent physiquement épuisée et exsangue. Ainsi lui arrive-t-il de rester étendue sans mouvement huit jours sans pouvoir ni se lever ni parler. Cela ressemble évidemment à un état cataleptique, et il n'est pas toujours facile de distinguer une extase mystique d'un phénomène pathologique.

Elle se mêle assez rapidement aux querelles internes à l'ordre franciscain et, rassemblant des disciples autour d'elle, soutient la tendance rigoriste, disant oui au radicalisme de saint François, non à la déviance du Libre Esprit. Elle voyage

Au-delà de toutes les méditations sur l'humanité du Christ souffrant, de toute l'imitation de celui-ci, dans la ligne franciscaine, Angèle découvre un jour un ravissement plus haut : «Tandis que je me sentais plongée dans ces biens, dans ces délectations extrêmes, inénarrables, infiniment supérieures à tout ce que j'avais encore éprouvé, d'ineffables opérations divines se produisirent dans mon âme, que ni saint ni ange ne sauraient raconter. Je vois, je comprends que ces opérations divines, que cet abîme insondable, aucun ange, aucune créature ne les scruteront jamais.» Ci-dessus et en haut de la page de gauche, deux détails de la vision de la bienheureuse Angèle.

beaucoup, malgré de grandes souffrances physiques et psychiques, son cousin et confesseur frère Arnauld mettant ses récits par écrit. Au centre de son enseignement, la contemplation du Christ en croix qui lui est, dit-elle, apparu. Pourtant, Angèle de Foligno n'est pas tant une visionnaire qu'un être animé d'une passion amoureuse, appuyée sur l'ascèse de pauvreté, d'humiliation et de souffrance. Sur le tard, étrangement, ses propos attestent d'une filiation à l'égard du Pseudo-Denys : ainsi des termes comme la «Ténèbre divine», l'«ineffabilité», l'«union au tout de Dieu».

Le «mariage mystique» de Catherine de Sienne (ci-contre) ne doit pas faire penser à une démarche solitaire. Un groupe de personnes l'entoure, nourrissant une dévotion totale à l'égard de la «Mamma», la soutenant (ci-dessous, un évanouissement de la sainte), l'aidant intellectuellement, réglant l'intendance, etc.

Catherine de Sienne

Catherine de Sienne est avant tout une personnalité exceptionnelle : femme d'action, animatrice spirituelle, réformatrice, auteur d'une correspondance d'un très grand intérêt. Après avoir vaincu les résistances de sa famille, la fille du teinturier siennois Benincasa reçoit à dix-huit ans l'habit du tiers ordre dominicain, réservé habituellement à des femmes plus âgées et, tout en continuant à habiter chez ses parents, elle rassemble autour d'elle un groupe de femmes et d'hommes qui prennent soin d'elle et l'assistent dans sa mission. A partir de 1370, elle joue un rôle politique : allant en Avignon, elle contribue au retour à Rome de Grégoire XI, s'occupe de mettre la paix entre les républiques urbaines italiennes, de lancer une nouvelle croisade, de réformer l'Eglise. Elle aide Urbain VI

lors du schisme de 1378. En 1379, l'ordre dominicain l'examine, approuve son action… et la place sous le contrôle de son frère Raymond de Capoue qui sera son biographe, ou plutôt son hagiographe. Sa spiritualité a autant de traits franciscains – passion de la pauvreté, goût de la douceur intérieure, souci des marginaux – que dominicains – dévotion mariale et eucharistique, grande discrétion dans ses conseils aux autres alors que son ascèse personnelle est extrême. Elle n'a guère de visions à proprement parler, hormis une vision fondatrice dans sa petite enfance, mais on lui attribue bien des phénomènes extraordinaires : extases, mariage mystique, stigmates. Le *Dialogue*, son ouvrage majeur, est moins un ouvrage mystique qu'une synthèse de foi et de vie spirituelle, marquée par la pensée de saint Thomas : particulièrement sur la question centrale de la liberté, du socratisme chrétien. Catherine de Sienne aura une influence certaine sur Thérèse d'Avila, davantage par des parallélismes de vie que par ses écrits. Elles se situent toutes deux dans une même ligne de miséricorde et de charité. Enfin beaucoup d'indices tirés de leurs biographies montrent qu'il y a véritablement une lignée féminine dans la mystique occidentale, laquelle lignée va se poursuivre bien au-delà du XIVe siècle.

Plus que le *Dialogue*, que certains jugent un peu lourd, un peu laborieux, et qui est dû à plusieurs mains, c'est dans ses *Lettres* qu'on découvre la personnalité extraordinaire de Catherine. Voici ce qu'elle écrit à deux ermites de Pise : «Fils très chers dans le doux Christ Jésus, que de ce jour au dernier de votre vie, vos affections et vos désirs ne soient point morts : ne dormez pas, éveillez-vous.» Pour lutter contre le sommeil, il faut se haïr sans cesse, mais aussi se purifier un peu pour trouver la bonté de Dieu en soi. «Par la connaissance de cette bonté souveraine, quand l'âme se trouve noyée en un abîme d'amour d'autant plus profond qu'elle voit Dieu en elle, le cœur s'élargit, l'œil de la connaissance s'ouvre et voit, la volonté se tend jusqu'à aimer ce qu'Il aime.»

Au XVIe siècle, l'Espagne reprend le flambeau mystique qui vient des Flandres. Les étonnantes figures de Thérèse d'Avila et de Jean de la Croix attestent la possibilité de porter à l'incandescence le désir et l'expérience mystiques au sein d'un christianisme authentique et profond. Comme leurs prédécesseurs, ils seront cependant inquiétés, car la mystique reste toujours marginale.

CHAPITRE IV
LA MYSTIQUE DE LA NUIT

Intitulée «L'Agneau mystique», la gravure ci-contre est tirée de l'*Imitation de Jésus-Christ* de Thomas a Kempis (1349-1471), qui n'est pas à proprement parler un livre mystique. Les carmes espagnols ont subi son influence, mais tout autre est leur aventure : l'union à Dieu par-delà l'épreuve de la nuit. A gauche, sainte Thérèse en extase, «tout abîmée en Lui.»

L'Espagne de Jean de la Croix

Au début du XVIe siècle commence à s'épanouir en Espagne un évangélisme humaniste. L'imprimé a rendu possible aux laïcs la lecture de la Bible et contribué à l'ouverture sur une culture profane. Venu des Flandres, avec l'influence d'Erasme et la *Devotio moderna*, cet humanisme s'accompagne d'une forte diffusion biblique en même temps que d'une critique de l'Eglise. Par crainte de la réforme protestante, et d'un judaïsme caché en partie imaginaire, l'Inquisition, organisme ecclésiastique placé, en Espagne, sous la dépendance directe de la Couronne, va s'employer à réprimer cet essor. La Réforme n'est pas mystique et elle n'est guère humaniste, mais l'Inquisition ne fait pas dans le détail : les spirituels qui rejettent le formalisme religieux et s'engagent dans une recherche tendant vers la mystique unitive – les *Recogidos* (recueillis) – seront tout simplement confondus avec l'aile turbulente du courant – les *Alumbrados* (illuminés, appelés aussi *Dejados*, abandonnés).

Les uns et les autres pratiquent dans le retirement une oraison passive de repos et de lumière, fondée sur l'expérience, le ressourcement biblique, l'inutilité d'un effort moral volontariste. Toutefois, les seconds sont des extrémistes, s'adonnant à des états extraordinaires et publics, rejetant les décisions de l'autorité ecclésiastique et son rôle dans les sacrements.

Le mouvement a-t-il touché les «nouveaux» chrétiens, ces juifs ou musulmans convertis depuis le XIVe siècle? On ne peut l'affirmer. Quoi qu'il en soit, le climat que connaîtra Jean de la Croix sera celui d'une suspicion.

Le XVIe siècle espagnol commence sous le signe d'Erasme (à droite), l'immense humaniste évangélique, et s'achève sous celui des jésuites, artisans de la Contre-Réforme. Parmi ces derniers, Alonso Rodriguez (à gauche, sa vision) fut maître spirituel notable.

La mystique du Carmel

A la même époque, en Espagne, les ordres religieux en déclin éprouvent la nécessité de se réformer, et notamment les carmes, d'origine érémitique, et qui ont adopté au XIIIe siècle une règle de vie commune inspirée des franciscains.

Au Moyen Age, l'Inquisition est un tribunal ecclésiastique chargé de poursuivre les hérétiques, qui sont éventuellement remis ensuite au «bras séculier» (la force publique, en général pour être mis à mort); dominicains et franciscains y jouent le plus grand rôle. Datant de la fin du XVe siècle, l'Inquisition espagnole (dont Goya présente, ci-contre, l'exécution d'une sentence) est différente : un organisme d'Etat, confié à des ecclésiastiques séculiers, et créé pour réprimer juifs et musulmans convertis, suspects de pratiquer en secret leur ancienne religion. Au XVIe siècle, elle s'intéresse à la diffusion des idées de Luther (ci-dessus, sa traduction du *Nouveau Testament*, en 1522) et de tout ce qui y ressemble, et poursuit également les spirituels exaltés. Procès de tendance et cruautés n'ont, bien évidemment, pas manqué.

Quelles que soient ses origines érémitiques orientales, le carmel historique est un ordre mendiant, assimilé au XIIIe siècle aux franciscains et aux dominicains. Mais il demeure travaillé par un esprit de radicalité religieuse qui refait surface, au XVIe siècle, avec la réforme de sainte Thérèse. Toutefois la mystique qui éclôt alors est originale, prenant le relais du Pseudo-Denys et des Rhéno-Flamands. (A droite, le prophète Elie, vainqueur au mont Carmel, enlevé au ciel sur un chariot de feu, remet à Elisée son manteau et ses pouvoirs surnaturels.) L'ordre affrontera bien des tensions : entre carmes chaussés – qui suivent la règle mitigée fixée en 1431 par Eugène IV – et déchaussés – soumis à la réforme thérésienne –, puis parmi les héritiers de Thérèse; plus tard, toujours en Espagne, entre les théologiens et les spirituels, entre les théoriciens de la vie mystique se réclamant de Thérèse et ceux qui suivent plutôt Jean de la Croix. Non qu'il y ait entre eux une profonde différence, mais la pédagogie de la vie mystique est conçue autrement. Du XVIe siècle à nos jours, de lourdes «synthèses» compromettront le caractère personnel, vivant, jaillissant que nous trouvons encore dans les admirables textes fondateurs.

Fondé par des groupes d'ermites sur le mont Carmel en 1155 et passé depuis lors en Occident sous la pression musulmane, l'ordre du Carmel y représente un des chaînons d'union avec le monachisme oriental. Plus encore, il symbolise le lien, dans la tradition mystique et prophétique, avec l'Ancien Testament : l'ordre se rattache à Elie et Elisée, Elisée qui, après l'ascension du grand prophète, alla au mont Carmel où Dieu avait déjà manifesté sa puissance (1 Rois, 18, 20; 2 R 2, 25).

Au XVIe siècle, sainte Thérèse d'Avila et saint Jean de la Croix apparaissent comme les restaurateurs de l'idéal primitif, compromis par l'insertion des carmes, héritiers du désert, dans le monde.

Thérèse d'Avila : restaurer, réformer

Teresa de Cepeda y Ahumada naît en 1515, dans une famille nombreuse de petite noblesse, d'ascendance partiellement juive. Les Espagnols viennent de découvrir l'Amérique. L'Europe est celle de la renaissance des arts et des lettres, celle aussi des guerres de Religion. Thérèse entre en 1535 au monastère carmélitain de l'Incarnation, un couvent de style et d'esprit encore tout à fait médiéval. Elle doit surmonter plusieurs années de grave maladie physique avant de fonder, en 1562, le premier Carmel

Les carmes ont aimé les images figurant leur passé d'ermites (ci-contre, la source d'Elie, en page de gauche, une vision des carmes). Il y a de l'ermite en Jean de la Croix qui, étudiant carme à Salamanque, songe à devenir chartreux; qui, à peine a-t-il adhéré à la réforme de Thérèse, s'installe avec un tout petit nombre de frères dans la solitude de Duruelo; qui cherchera à plusieurs reprises à se mettre à l'écart, sans oublier ses temps d'emprisonnement. Son œuvre poétique est née dans le silence, créée, mémorisée, puis écrite et enfin commentée par lui-même. Il reprend là le flambeau du carmel des origines, fût-il en partie légendaire; la tradition qui le rattache à Elie l'est, elle, entièrement.

réformé à Avila. Cinq ans plus tard, le supérieur de son ordre l'autorise à créer de nouvelles maisons. Dès lors, elle voyage, fondant un couvent réformé après l'autre, se heurtant souvent à de violentes oppositions. Mais, en 1571, elle doit revenir comme prieure au couvent de l'Incarnation, où elle reçoit l'ordre de restaurer une discipline religieuse alors sérieusement relâchée. Dans cette tâche, elle est aidée par Jean de la Croix, un jeune carme qu'elle a convaincu de rallier sa réforme. Elle reprend ensuite ses voyages de fondation, surtout en Andalousie, où ses livres soulèvent l'ire de l'Inquisition. Bientôt persécutée par les supérieurs de l'ordre et le nonce, opposés à la Réforme, jusqu'à l'intervention de Philippe II, elle meurt en 1582, après avoir réalisé ses dernières fondations.

«Un vif sentiment de la présence de Dieu»

Tout ce qui précède n'est que la partie émergée d'une aventure intime marquée par la conversion de Thérèse à quarante ans, âge auquel elle prend conscience de son immaturité humaine et spirituelle. Thérèse est alors «soudain saisie d'un vif sentiment de la présence de Dieu. Je ne pus alors douter aucunement qu'Il ne fût en moi ou que je ne fusse

Marie-Madeleine de Pazzi (1566-1607), carmélite florentine, atteste que l'ordre a connu des personnalités «mystiques» importantes étrangères au courant thérésien, lequel se répandra surtout en France au XVIIe siècle. Extatique, visionnaire, Marie-Madeleine se situe dans la ligne de la spiritualité médiévale centrée sur la Passion du Christ; son oraison et son action ecclésiale rappellent Catherine de Sienne. Ses livres contiennent des propos, beaux et décousus, tenus au cours de ses extases, notés par six sœurs secrétaires et révisés par elle-même. «Tu sais, Seigneur qu'en dehors de toi mon âme n'a rien désiré.»

moi-même tout abîmée en Lui». Expérience proprement mystique d'union, marquée à partir de 1559 par une découverte de l'humanité du Christ à laquelle elle consacrera désormais une intense attention.

Dès lors, elle se met à écrire, et une œuvre considérable, mûrie de longtemps par un goût ancien

Thérèse est une femme d'action, une réformatrice luttant pour son œuvre, une infatigable fondatrice de monastères, sans oublier les couvents de carmes nés sous son impulsion. Elle est la *madre*, souvent représentée abritant les carmélites sous un grand manteau (ci-dessous) qui, dans l'iconographie, est habituellement celui de Marie. L'extraordinaire est l'existence, dans cette vie, d'une oraison constante, d'une vraie passion mystique, au sens le plus propre du terme, qui donne leur sens aux combats, enfin d'une œuvre notoire d'épistolière et d'écrivain spirituel.

de la lecture, va voir le jour. Les deux traités de pédagogie de l'oraison, *Le Chemin de perfection*, pour les commençants, et *Le Château intérieur*, ainsi qu'une immense et capitale correspondance, sont des monuments de la tradition mystique comme de la littérature espagnole de style populaire. Mais l'œuvre de Thérèse est aussi marquée par une note autobiographique originale, en particulier le *Livre de la vie*, les *Relations*, ainsi que les *Fondations*, chronique de ses voyages et travaux.

Thérèse représentera désormais, en Occident, la figure mystique par excellence, et son œuvre aura une grande et constante influence. Mais Jean de la Croix, son disciple, demeure le maître indépassable.

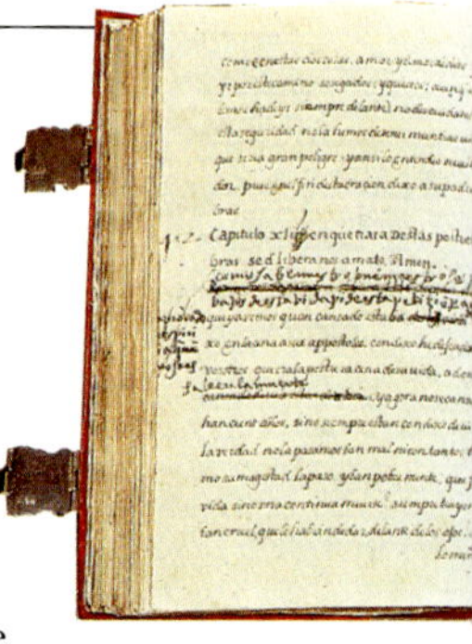

Sino te mueve mortal
el ver a Dios ofendido
que te sirve haver vivido
para haver vivido mal?

LOS LIBROS
DE LA MADRE
TERESA DE IESVS
fundadora de los monesterios
de monjas y frayles Carmelitas descalços de la primera regla.

En la hoja que se sigue se dizen los libros que son.

[redacted]

EN SALAMANCA.
Por Guillelmo Foquel.
M. D. LXXXVIII.

Jean de la Croix : un paysan ordonné prêtre

Juan de Yepes est né en 1542 dans une famille pauvre de la vieille Castille. Orphelin de père à sept ans, il est envoyé, après diverses tentatives d'apprentissage, au Collège des Enfants de la Doctrine où il se montre brillant au point d'attirer l'attention d'un riche

« On m'a donné l'ordre d'écrire ma manière d'oraison et les grâces dont le Seigneur m'a favorisée, en me laissant pour cela toute latitude. [...] Dieu soit béni de m'avoir si longtemps attendue. »

Vie de sainte Thérèse

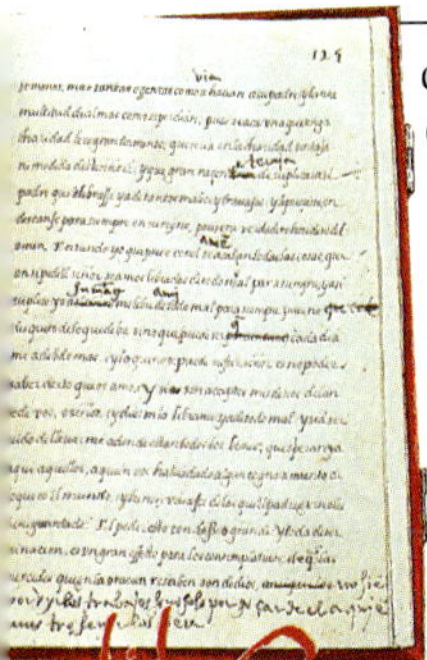

commerçant qui prend en charge son éducation. En 1563, il entre chez les carmes; en 1567, il est ordonné prêtre. A Duruelo, sous l'influence de Thérèse, Jean de la Croix goûte pour la première fois à une entière solitude, à une vie très pauvre et austère, dans un pays vert et sans âpreté, plein de charme. Il pratique un ascétisme sans excès, en vue de

“Un jeune père qui étudiait à Salamanque vint dans la ville. Son nom est frère Jean de la Croix. Il servait de compagnon à un autre religieux qui me parla en termes admirables de son genre de vie. J'en louai notre Seigneur et, l'ayant entretenu, je fus enchantée de lui; j'appris de sa propre bouche qu'il avait l'intention d'entrer chez les chartreux. Je lui déclarai alors mon projet et je lui demandai avec insistance d'attendre que le Seigneur nous donne un monastère; je lui fis voir que s'il voulait embrasser une vie plus parfaite, il avait tout avantage à le faire dans son ordre, et que Dieu en serait mieux glorifié. Il me donna sa parole, à condition de ne pas avoir à attendre longtemps.”

Sainte Thérèse, *Fondations*

Jean est tout entier dans cette ardeur qu'admira Thérèse (ci-contre) et qui parfois l'effraya, mais qui ne l'empêcha pas de reconnaître en lui un maître. En page de gauche, la page de titre des *Œuvres* de sainte Thérèse; en haut, le manuscrit du *Chemin de la perfection*.

la vie mystique. Par la suite, il sera formateur des jeunes carmes, chapelain de Thérèse à Avila. Celle-ci a pour charge de réformer un monastère où elle rencontre de fortes résistances chez les religieuses elles-mêmes, soutenues par les carmes qui les conseillent. Conflit démesuré, dans lequel ses confrères iront jusqu'à jeter Jean en prison à Tolède en 1577. Il y compose ses premiers poèmes. Au bout de neuf mois, il s'évade et s'en va résider en Andalousie. Au Calvario, parmi les pins et les oliviers, près des eaux du Guadalquivir, il poursuit son travail d'écriture qui sera achevé au couvent de Grenade. Il dirige des moniales parmi lesquelles il connaîtra de fidèles amies. En 1588, on lui confie de lourdes charges dans le gouvernement des carmes de Ségovie, mais il sera de nouveau accusé et persécuté et mourra à Ubeda en 1591, isolé et maltraité.

Un style lapidaire

De sa formation scolastique – à une bonne école : Victoria, les dominicains de Salamanque –, Jean de la Croix héritera d'une base théologique sérieuse et d'une culture biblique, alors plus rare. Mais il restera handicapé par la logique scolastique – aristotélicienne : solide mais rigide –, peu apte à rendre compte de la vie de l'esprit. Justifier par exemple le dépouillement radical, nécessaire pour que Dieu advienne, par l'axiome «une forme chasse l'autre» peut paraître sommaire. Mais on pressent que, par-delà le défaut d'outillage

Tandis que les médiévaux méditaient l'Ecriture, la spiritualité ignacienne sera fondée sur une méditation de la vie du Christ. Jean de la Croix l'écarte tôt, dans son itinéraire. Thérèse la maintient dans l'oraison de recueillement, surtout celle de la Passion. Le ressuscité, ci-contre entre les deux saints, n'était pas, en réalité, au cœur de leur spiritualité.

intellectuel, c'est la position néoplatonicienne qui s'impose à ce chrétien authentique. Il en va de même lorsqu'il invoque l'adage «la nature a horreur du vide» pour expliquer que si l'on se dépouille ainsi, Dieu s'épand nécessairement dans l'âme.

L'influence du Pseudo-Denys, directe et indirecte – sans le dépouillement le plus total, il n'est pas d'union possible à l'absolu –, est essentielle ici et accordée à sa recherche.

Par ailleurs, la notion de méditation qu'il a rencontrée dans la *Devotio moderna* et les *Exercices* d'Ignace de Loyola (méthode de méditation et de conversion) lui a semblé trop liée aux sens, aux affects, à l'imagination. Il invite donc à s'en débarrasser entièrement. Or il existe depuis l'Antiquité une méditation intellectuelle beaucoup moins éloignée de l'oraison : chez Augustin, par exemple, ou Boèce. Jean de la Croix aurait-il pu, dans son radicalisme, s'en inspirer?

Très tôt, Jean de la Croix (ci-dessus) a écrit des poèmes, dont il commentera certains par la suite. Ces poèmes sont parmi les plus beaux au monde, et ils perpétuent son rayonnement bien au-delà de ses livres. La poésie espagnole est difficile, si ce n'est impossible, à traduire : voici néanmoins une version du début et de la fin de l'hymne à la nuit de la *Montée* et *La Nuit obscure* : «Au milieu d'une nuit obscure, / d'angoisses d'amour enflammée, / oh la bienheureuse fortune! / je sortis sans être aperçue, / ma demeure étant pacifiée / [...] Ô nuit qui fut ma conductrice ! /Ô nuit qu'à l'aube je préfère! / Ô, nuit qui sus si bien unir / l'amant avec la bien-aimée, / l'amante en l'Amant transformée!» Ci-contre, l'université de Salamanque; au centre, un cours de théologie.

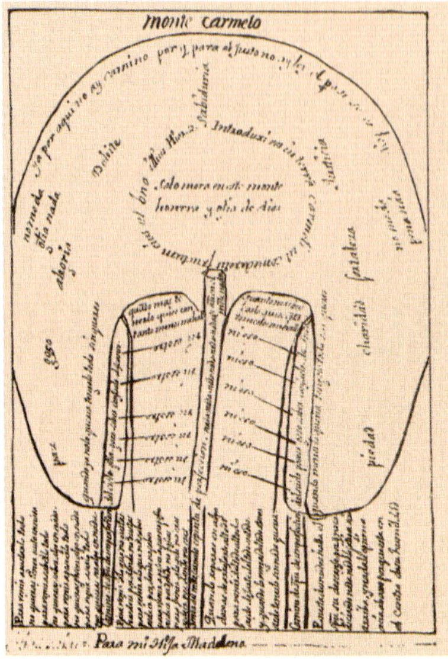

Le mystique des mystiques

Jean de la Croix est l'auteur, outre de traités brefs et de lettres, d'un certain nombre de poésies et de quatre traités majeurs qui se présentent comme des commentaires de ses propres poèmes, lesquels sont parmi les plus beaux de la langue espagnole dont la sonorité forte demeure rigoureusement intraduisible en toute autre langue. Ils suggèrent symboliquement l'expérience indicible avant de se prêter à l'exégèse allégorique, dans laquelle à chaque image correspond une idée.

Jean de la Croix écrit en premier lieu pour guider ceux qui sont appelés aux hauteurs de l'union avec Dieu, symbolisée par le mont Carmel. Pour l'atteindre, il faut laisser derrière soi non seulement ce qui vous attache au monde des sens, mais absolument tout ce qui ne conduit pas directement à cette union. C'est ainsi que l'on entre dans la «nuit obscure».

«La Montée du Carmel»

La Montée du Carmel est le livre de l'initiation fondamentale. La nudité ou le dénuement radical et

Il est frappant de juxtaposer l'original graphique du schéma de *La Montée du Carmel* par Jean de la Croix (ci-dessus) et l'une des interprétations du XVIIe siècle (à gauche). Ce livre, et *La nuit obscure*, qui poursuit l'itinéraire, datent de 1578 et des années suivantes; ils sont altérés et inachevés, et la description de l'union suprême manque. Le *Cantique* A (antérieur) et la *Vive Flamme d'amour* A (postérieur) décrivent chacun à sa façon l'ensemble de l'initiation mystique.

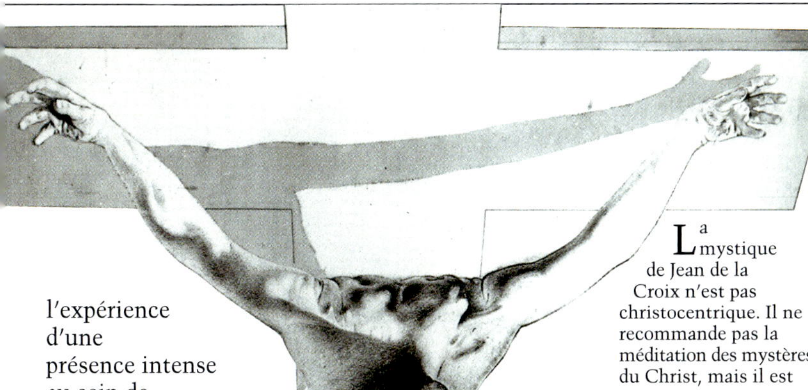

l'expérience d'une présence intense au sein de l'absence y sont traduits – comme également dans *La Nuit obscure* – par un symbolisme majeur, celui de la nuit, et par l'idée d'une connaissance obscure.

Dans la *Montée*, Jean de la Croix décrit les premières étapes, et d'abord l'effort pour purifier les sens et les affects, pour se détacher des choses, des êtres et de soi-même : de son désir. Avec une inimaginable radicalité, il demande d'exclure pour Dieu tout ce qui n'est pas Dieu et donc n'est rien, de demeurer dans l'obscur et sans rien, de se priver même des jouissances religieuses les plus minimes. C'est une lutte contre le péché, non sans une idée stoïcienne de la vie sensible devant être parfaitement soumise à la raison. C'est aussi une vision platonicienne de la vie autonome de l'âme par rapport au corps. C'est enfin une conviction que toute réalité sépare de Dieu. Toutefois, il y a là plus qu'une ascèse : c'est déjà une vie mystique.

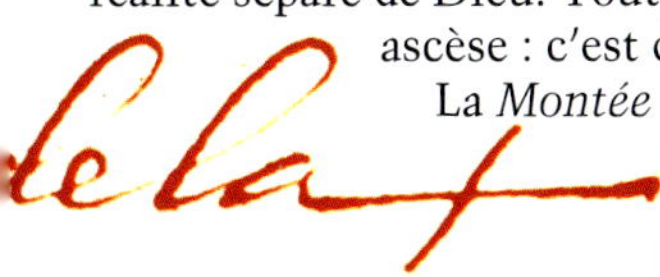

La *Montée* se poursuit par la purification de l'esprit, délesté de l'imagination, de

La mystique de Jean de la Croix n'est pas christocentrique. Il ne recommande pas la méditation des mystères du Christ, mais il est pénétré de son amour, et convaincu que le dépouillement et l'épreuve de la nuit sont un lien avec sa Passion. Marcher par l'âpre sentier de la croix, porter celle-ci, entrer par cette porte : il l'a répété, et même dessiné (ci-dessus). Salvador Dali s'est inspiré de ce dessin dans son étude pour le *Christ de saint Jean de la Croix* (en haut).

l'intelligence, de la mémoire, de la volonté. A cette nuit plus obscure encore, dans laquelle s'abolit même toute connaissance claire de Dieu, correspond une foi abyssale, une «intelligence obscure et générale». C'est qu'il faut s'accorder, hors du temps, à un Dieu «sans modes» (c'est-à-dire sans aucune particularisation possible) mais suprêmement existant. Ce Dieu, qui est présent «naturellement» à l'âme qu'il crée, la remplit «surnaturellement» dès qu'elle se vide de toutes choses. En attendant, il lui permet de ressentir des «touches» ponctuelles, ébauches de la contemplation ultime.

L'obscure nuit des sens et de l'esprit

La Nuit obscure reprend le symbolisme de la nuit des sens (pour accéder à l'esprit) et de l'esprit (pour parvenir à la connaissance totale), afin d'exprimer cette fois la purification passive, opérée par Dieu. Jean de la Croix y insiste beaucoup sur la souffrance liée à ces exercices de purification. Pour autant, Dieu ne torture pas : c'est toujours parce qu'Il apporte des dons plus hauts que l'homme souffre. Cette souffrance est créatrice, elle permet d'accéder à la connaissance de sa misère et de son néant, mais aussi à une perte de soi-même et à une création nouvelle. Il reste que tout semble perdu, que tout est fermé : le monde, Dieu et soi-même. La contemplation donnée et mystérieusement vécue n'est perçue que comme un acte d'amour de notre être le plus profond. Lors même que l'âme, avançant, sait qu'elle connaît, elle n'en peut donner aucune idée, aucune analogie.

La Vive Flamme d'Amour représente en quelque sorte le terme de la Montée au Carmel, le moment où les ténèbres se dissipent. Voici les deux strophes initiales du poème : «Ô flamme d'amour, vive

flamme / Qui me blesses si tendrement / Au plus profond centre de l'âme! / Tu n'es plus amère à présent / Achève donc, si tu le veux / Romps enfin le tissu de cet assaut si doux! / Ô cautère vraiment suave! / Ô plaie toute délicieuse! / Ô douce main! touche légère / Qui a le goût d'éternité, / Par toi toute dette est payée! / Tu me donnes la mort : en vie elle est changée.»

La naissance d'une «science» mystique

Jean de la Croix pratique une méthode d'analyse qui s'attache à des faits éprouvés. Sans qu'il communique directement son expérience, celle-ci ne peut être mise en doute : tout le texte en est nourri. Mais il y ajoute une pensée, une réflexion critique qui n'était

A Duruelo, à Avila, à Grenade, Jean de la Croix (ci-contre et à gauche) a regardé une nature admirable, goûté la nuit; à Tolède (page de gauche, en haut), seulement par le soupirail de sa prison. Ce terrible ascète a dépassé toutes les images, mais tout lui fut rendu, au terme, dans la joie ultime et dans le poème. Il l'a dit dans la *Montée*, et superbement manifesté dans le *Cantique*.

“Pour arriver à goûter tout, / n'ayez de goût pour rien. / Pour arriver à posséder tout, / souhaitez ne rien posséder. / Pour arriver à être tout, / souhaitez ne rien savoir. / Pour parvenir à ce que vous ne goûtez pas, / passez par où vous ne goûtez pas.”

Saint Jean de la Croix, *La Montée du Carmel*

“L'Aimé, c'est pour moi les montagnes, / les vallons boisés, solitaires, / toutes les îles étrangères / et les fleuves retentissants. / C'est le doux murmure des brises caressantes. / Il est pour moi la nuit tranquille, semblable au lever de l'aurore, / La mélodie silencieuse, et la solitude sonore, / le repas qui recrée, en enflammant l'amour.”

Saint Jean de la Croix, *Le Cantique spirituel*

qu'esquissée chez Gerson et dans l'*Imitation de Jésus-Christ* un siècle plus tôt. Il y a donc du neuf par rapport à la tradition mystique : non seulement une tendance plus psychologique, mais la naissance d'une «science» spécialisée. Celle-ci doit être apprise dans l'oraison même, qui donne une compétence faisant défaut aux théologiens, mais elle a son langage propre : les «phrases mystiques», comme on dira au XVIIe siècle, qui déclencheront beaucoup de hargne chez ceux qui se méfient de tout ce qui dépasse la méditation. Chez Jean de la Croix, le langage comporte une part poétique, qui au demeurant semble connaturelle à la mystique. Les mots n'y prennent pas un sens nouveau, mais les mystiques s'en servent autrement pour creuser le langage en direction d'un indicible.

Jean de la Croix refuse avec une grande rigueur toute saisie distincte. Il rejette notamment

les ravissements, les sensations extraordinaires, les extases au sens psychophysiologique, les révélations et paroles divines; il met d'ailleurs en garde Thérèse sur le sujet. Il les refuse comme arrêts sur le chemin et risque d'illusion.

Il ne faut pas pour autant méconnaître l'importance de ces manifestations dans l'histoire de la mystique et dans son image publique. Elles y ont eu une fonction d'authentification du rapport à l'ineffable, pour

soi-même et pour autrui. Il y a là un langage du corps qui a une signification, psychologique et sociale, et qui peut souvent être analysé en termes de pathologie.

Jean de la Croix, saisi par l'aventure ancienne de la mystique unitive, se réfère sérieusement, profondément, au mouvement propre de la foi chrétienne et à l'Ecriture biblique. Son amour du Christ est indéniable : attentif à dépasser toutes les images, il se réfère peu à Lui en enseignant la prière, mais il rapproche ce dépouillement du mystère de la Croix, et fonde son refus de toute révélation nouvelle sur la suffisance du message et de la Personne du Verbe incarné. Ni son amour du prochain, ni son insertion ecclésiale ne peuvent être mis en doute. Ne constitue-t-il pas le meilleur exemple d'une christianisation au sein de la lignée mystique?

Thérèse a une dévotion sensible. Lui apportant la communion (page de gauche, en bas), Jean de la Croix ne lui donne qu'un petit fragment. «Je pensai que ce n'était pas faute d'hostie, mais parce qu'il désirait me mortifier.» Thérèse a des extases nombreuses (ci-dessus). Jean écrit : «Chez ceux qui ont atteint l'état parfait, la communication a lieu entièrement dans la paix et en suavité d'amour. Pour eux, ces sortes de ravissements cessent.» Sans doute y aurait-il lieu de parler des diverses sortes d'extases, mais, ajoute-t-il, «Thérèse de Jésus, notre mère, a écrit sur ces sujets spirituels des choses admirables»...

Pamoisons

Thérèse d'Avila a beaucoup mis en valeur l'extase dans l'expérience mystique.

« Je voudrais pouvoir expliquer, avec le secours de Dieu, la différence qui existe entre l'union et le ravissement. Ravissement, élévation, vol de l'esprit, enlèvement, c'est tout un, et ces divers noms n'expriment qu'une même chose, qu'on appelle aussi extase. Le ravissement l'emporte de beaucoup sur l'union, il produit des effets bien supérieurs et a beaucoup d'autres opérations qui lui sont propres. [...] Durant ces ravissements, l'âme semble ne plus animer le corps. On s'aperçoit fort bien que la chaleur naturelle se retire et que le corps se refroidit progressivement, mais avec de très grands délices. Ici, nul moyen de résister. Dans l'union, nous trouvant sur notre propre terrain, nous le pouvons encore. [...] Dans le ravissement, c'est la plupart du temps tout à fait impossible. [...] Vous voyez, vous sentez s'élever cette nuée, ou, si vous le voulez, cet aigle puissant vous emporter sur ses ailes. »

Thérèse d'Avila

De l'oraison à la vision

Toute prière chrétienne approdondie n'en est pas pour autant mystique. Ci-contre, saint Charles Borromée (1538-1584), archevêque de Milan, qui fit passer dans la réalité, de façon ouverte, la réforme de l'Eglise, décidée par le concile de Trente; il influencera beaucoup François de Sales. Sa vie personnelle fut ascétique et pieuse. Avec saint Jean de la Croix, on se trouve dans un tout autre domaine : celui de la liberté, du bonheur et de la souffrance d'aimer éperdument.

❝L'âme s'adresse de nouveau à son Bien-Aimé et lui porte sa plainte. C'est que l'amour impatient, tel qu'est celui qui la tourmente, ne laisse ni trêve ni repos; il renouvelle sans cesse l'expression de son angoisse, espérant toujours rencontrer un remède. Elle se voit blessée, elle se trouve seule, sans autre ami, sans autre médecin que son Bien-Aimé, celui-là même qui lui a infligé une blessure. [...] Pourquoi celui-ci n'a-t-il pas totalement renfermé ce cœur dans le sien?❞

Jean de la Croix

Amour pour Amour.
Le seul bon plaisir de Dieu.
Rien autre que Dieu.
O Joseph.
O Marie.
Renoncez vous vous même. portez votre Croix. Suivez moi constament.
Ou souffrir ou mourir.
Souffrir et être meprisé.

Au sein d'une floraison de spiritualités diverses, plusieurs mystiques du XVIIe siècle français s'inscrivent dans la ligne espagnole, avec une note propre : sous le nom d'oraison de repos, ils diffusent dans un large public laïc une prière qui se veut très simple. Paisiblement, au début du siècle, puis au milieu de conflits comme la crise quiétiste. On assistera, au XVIIIe siècle, au crépuscule de la mystique.

CHAPITRE V
L'ORAISON DE REPOS

Associer les mystiques carmélitains (en bas à gauche, sainte Thérèse et, à droite, saint Jean de la Croix) à François de Sales et Jeanne de Chantal (en haut) n'est pas que pieuse image. Dès 1602, on se soucie d'établir le carmel en France. C'est à une bourgeoise de Paris, Mme Acarie, à un espagnol francisé, Jean de Brétigny, et à la princesse de Longueville qu'il revient de réaliser ce projet, avec l'aide de François de Sales.

L'épanouissement mystique en France

Le XVIIe siècle en France est un siècle mystique. Un mysticisme qui se détache sur le fond d'une religion en piètre état malgré les efforts de la Contre-Réforme (ou Réforme catholique) initiée par la papauté depuis le concile de Trente. Un clergé séculier ignorant, un clergé régulier, des religieuses souvent en pleine décadence, enfin une religion officielle contrôlée par la Cour n'empêcheront pas de grands courants spirituels de voir le jour, en particulier autour de Port-Royal (les futurs «jansénistes») et à la suite des disciples de la mystique espagnole. Ce seront Pierre de Bérulle, le théoricien, et le milieu carmélitain autour de Mme Acarie. Plus encore Benoît de Canfeld, Louis de Condren et Marie de l'Incarnation, ursuline. Mais la mouvance qui, en quelque sorte, caractérise la mystique française du XVIIe siècle est issue de ce que l'on pourrait qualifier d'«humanisme dévot» et dont un des traits saillants est de proposer une voie de perfection à des laïcs vivant dans le monde. Cette nouvelle forme de mystique va leur enseigner, par-delà l'ascèse et la méditation, une oraison plus haute : l'oraison de repos.

Une spiritualité de la douceur

François de Sales (1584-1622), admirable figure d'homme et de pasteur, a été aussi un maître d'une grande importance pour le XVIIe siècle français. Il enseigne une spiritualité de la joie, de la douceur. Sa devise est : «Tout faire par amour et rien par force.» C'est lui qui a opéré la percée décisive ouvrant aux laïcs l'accès d'une vie spirituelle exigeante.

Le monastère des cisterciennes de Port-Royal fut d'abord influencé par François de Sales puis par Pierre de Bérulle. Mais une ligne propre se dessina lorsque l'abbé de Saint-Cyran en devint le maître spirituel : une spiritualité très haute – qui attira gens d'esprit et gens du monde pendant trente ans –, comprenant un grand souci de l'oraison, mais opposée à la mystique spéculative et unitive. Saint-Cyran parlait de la «prière du pauvre».

L'*Introduction à une vie dévote*, son livre le plus célèbre, est une invitation à la méditation. Mais quelques années plus tard, il écrit le *Traité de l'amour de Dieu*. Dans cet ouvrage, le climat a changé. C'est qu'entre-temps Jeanne de Chantal

Il fallut une expédition pour aller chercher les quatre compagnes de sainte Thérèse (parmi lesquelles Anne de Jésus), et une laborieuse négociation avec les carmes espagnols – qui auraient voulu rester leurs directeurs –, menée par Pierre de Bérulle (1575-1629). Celui-ci est une figure majeure du mysticisme français au XVIIe siècle, théoricien d'une mystique à la fois spéculative et centrée sur le Christ, l'«anéantissement» faisant le lien. Il fut nommé par Paul V visiteur permanent du carmel, dont Anne de Jésus fut la prieure, non sans tension entre eux. Parmi les premières prises d'habit, celle de Madeleine de Saint-Joseph; elle sera, en 1608, la première prieure française. Bérulle, qui a tant apporté au carmel, commet l'imprudence d'y introduire un «vœu de servitude perpétuelle envers la Sainte Vierge», étranger, en fait, à son esprit. Il s'ensuivit des conflits entre lui, les carmes et les évêques, et les carmélites se divisèrent. Après la mort de Bérulle, Madeleine de Saint-Joseph obtint que son cœur soit déposé au carmel de Paris. Sa mort, en 1634, est représentée ici (en haut), agrémentée d'une «apparition» de Pierre de Bérulle.

lui a fait découvrir l'oraison de repos.

Veuve, mère de plusieurs enfants, Jeanne de Chantal (1572-1641) connut François de Sales en 1604 et devint plus tard fondatrice avec lui des religieuses visitandines. Sa vie spirituelle fut libérée par la direction de François de Sales, mais elle sut pour sa part comprendre en profondeur la mystique thérésienne, tout en mettant l'accent sur des «actes de foi très nus et très simples». Lorsqu'elle va rendre visite aux carmélites, à Dijon, François lui demande d'interroger ces témoins par excellence de la mystique espagnole. Faut-il vraiment renoncer à toute préparation à l'oraison? En effet, écrit-il «m'étant mis en présence de Dieu sans préparation et sans dessein, je me suis trouvé extrêmement bien auprès de Sa Majesté, avec une seule très simple et très continuelle affection d'un amour presque imperceptible mais très doux», toutefois «prendre pour méthode de ne me point préparer, cela m'est un peu dur».

«Cet aimable repos de l'âme»

Jeanne de Chantal estime que «l'oraison de simple vue et sentiment de Sa Divine Présence» est une voie de simplicité, essentielle à la Visitation. On y demeure «tout abandonnée, absorbée et reposée en Lui», avec un «unique et simple regard, [...] un arrêt de l'esprit en Dieu sans se soucier des considérations, conceptions, imaginations». De son côté, au livre VI du *Traité*, François de Sales, après avoir parlé de la «méditation» en vient à la «contemplation» : à la métaphore *optique* platonicienne du rapport à Dieu – objet, vue, regard –, il substitue des images *relationnelles* en rétablissant le sens biblique du rapport avec Quelqu'un. Il définit ce dernier comme

Vivez toute entre les épines de la couronne du Sauveur, et, comme un rossignol dans un buisson, chantez, ma fille: Vive Jésus! S.FRAN

«une amoureuse, simple et permanente attention aux choses divines», un «recueillement amoureux qui ne dépend pas de notre soin, mais Dieu le fait en nous quand il lui plaît par Sa Très Sainte Grâce». D'une part, donc, Dieu nous fait «sentir Sa Très Aimable Présence, il retire à soi toutes les facultés de notre âme, lesquelles se ramassent autour de lui et s'arrêtent en lui comme leur objet très désirable».

Ça n'est presque pas une attention : «C'est cet aimable repos de l'âme que Thérèse appelle oraison de quiétude.» D'autre part, François décrit des actes de prière dans lesquels la présence n'est pas ressentie. C'est nous qui nous mettons en «cette sacrée présence», ramassant toutes nos puissances intérieures dans la foi en «Celui qui est présent et nous regarde», ce Dieu à qui il plaît que nous soyons là. Et ce dépouillement est lui aussi une «quiétude souverainement excellente.» Or François en reste au repos : il se méfie de l'union comme

Le livre qui établit François de Sales (page de gauche et en lettrine) comme figure majeure de la spiritualité du XVIIe siècle est l'*Introduction à la vie dévote* (1608, à gauche) : une vie spirituelle à la fois exigeante et aimable, attirante, qui est offerte à tous, basée sur la connaissance de soi. Il met cependant l'accent sur «la nécessité d'un *conducteur* pour entrer et faire progrès en la dévotion». Quant à la prière, il en reste alors à la méditation. Bien qu'ayant aidé à l'introduction du carmel en France, il se méfie de la «mystique». Si, dans le *Traité de l'amour de Dieu* (1616), il se montre soucieux de lui faire place de manière critique, c'est grâce à Jeanne de Chantal, qui l'a aidé à découvrir la valeur, dans sa propre vie, de l'oraison de repos, issue de la mystique thérésienne. Il est presque incroyable que le beau livre d'Henri Bremond sur Jeanne ait été inscrit à l'Index en 1913 pour avoir mis en évidence cette dépendance ainsi que la profondeur de leur amitié.

dépersonnalisation et refuse les spéculations «essentielles» des Rhénans.

La prière de repos

La prière de repos consiste donc à demeurer en silence devant Dieu, en se tournant vers lui avec amour. Cela, sans se soucier de la vie présente, que pourtant l'on n'oublie pas; sans penser actuellement aux aspects du mystère de Dieu découverts grâce à l'Evangile et qui le font aimer; sans imaginer et sans parler. Un simple regard, une simple attention, un simple mouvement du cœur profond, une simple offrande de soi et la douceur d'un abandon. Une plage sur laquelle débouche sans effort la prière, pourvu que l'on ait un peu de courage et de patience, beaucoup d'amour désintéressé et une renonciation aux «jouissances spirituelles». Si la pensée, si l'imagination échappent, on se ressaisit sans dépit

C'est sur ce mont sacre ou les chaste abeilles vont picorant le miel des divines vertus sur ces belles fleurettes. le B.H.F. de salles

ni honte, en transformant en appel le souci, le désir, la crainte.

Cette forme de prière est réellement mystique, au sens de ce qu'ont vécu les carmes et carmélites espagnols. Après avoir défini la prière comme un «entretien» et décrit un recueillement qui est déjà «surnaturel», Thérèse d'Avila, déjà, en arrivait à la «quiétude» : une tranquillité, un apaisement qu'elle établit dans la mémoire, l'intelligence et l'imagination, car seule la volonté reste active, puisqu'elle aime.

Tel sera le mode d'oraison de certains mystiques français : un don imprévu, lié à un fort sentiment de la présence de Dieu, accessible à tous et vraiment mystique. D'autres mystiques décrivent la

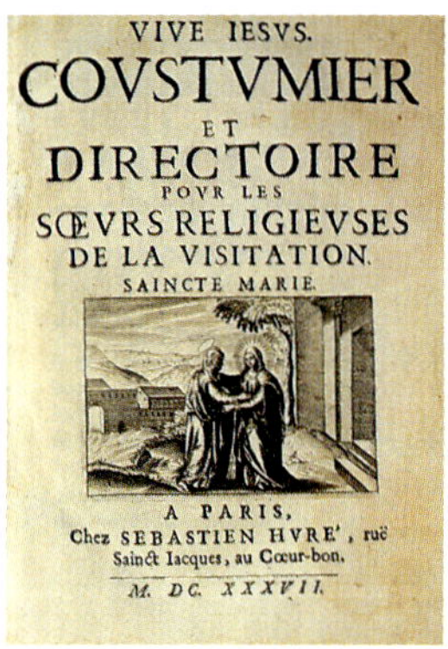
VIVE IESVS.
COVSTVMIER
ET
DIRECTOIRE
POVR LES
SŒVRS RELIGIEVSES
DE LA VISITATION.
SAINCTE MARIE.
A PARIS,
Chez SEBASTIEN HVRE', ruë
Sainct Iacques, au Cœur-bon.
M. DC. XXXVII.

En 1607, François de Sales révèle à Jeanne de Chantal son projet d'une petite congrégation contemplative ouverte, sans vœux ni clôture, comportant un certain apostolat et une aide aux pauvres. Elle est fondée en 1610 (ci-contre le *Coutumier* des sœurs religieuses de la Visitation). Mais en 1616 les pressions ecclésiastiques amènent à la transformer un véritable ordre religieux, astreint à la clôture. Vincent de Paul se souviendra de ce précédent lorsqu'il créera les Filles de la Charité, qui ne seront pas des «religieuses».

L'image associant le Christ et Jeanne de Chantal soutenue par un ange (ci-contre) s'inspire du *Cantique des cantiques*. «Mettez-moi comme un sceau sur votre cœur, comme un sceau sur votre bras, parce que l'amour est fort comme la mort, et que le zèle de l'amour est inflexible comme l'enfer : ses lampes sont comme des lampes de feu et de flammes» (Ct 8, 6). Ci-dessous, François de Sales accompagnant les visitandines au pied de la Croix, ce «mont sacré où les chastes abeilles vont picorant le miel des divines vertus» (dans son style fleuri).

«quiétude» plutôt comme un effort, une fidélité silencieuse et obstinée, une façon de se tenir là où l'on a compris que Dieu nous veut; bref, un «vouloir prier» qui demeure, même dans l'épreuve d'un silence de Dieu, la plus authentique prière. François de Sales dira que ce sont là deux formes extrêmes de la même oraison.

Et la conviction des spirituels français est que, sinon l'union ultime, du moins ce repos déjà réellement contemplatif pourra être vécu sans se retirer de toutes choses, ce qui permet à un plus grand nombre d'y accéder.

Une mystique du quotidien

Le frère convers carme Laurent de la Résurrection (1614-

1691), ancien militaire, savetier et cuisinier, un pur témoin de la prière de repos dans sa joie et sa simplicité, illustre parfaitement la diffusion de cette forme de prière qui va cesser d'être le privilège des religieux. Deux passages tirés de ses *Maximes* témoignent de cette manière de prier qui envahit la vie entière. «La pratique la plus simple, la plus commune et la plus nécessaire en la vie spirituelle est la présence de Dieu : c'est de se plaire et s'accoutumer en sa divine compagnie, parlant humblement et s'entretenant amoureusement avec lui en tout temps, à tout moment, sans règle ni mesure.»

Il s'agit donc d'un «acte simple», d'une «application de l'esprit à Dieu présent», d'un «regard général et amoureux en Dieu» qui peut avoir lieu au fond et centre de mon âme autant que je peux».

La controverse du quiétisme

Dans la première moitié du XVIIe siècle, la vie mystique et sa diffusion élargie ont pu se développer paisiblement. Mais, dans la deuxième moitié du siècle, ses adversaires, toujours à l'affût des courants en marge des normes, vont se faire nombreux. Ce seront les jansénistes, certains jésuites, des gallicans comme Bossuet, surtout à partir du moment où la suspicion de «quiétisme» va se répandre.

On a désigné par ce mot quelques formes excessives, réelles ou supposées, de l'oraison de quiétude. D'une part, un abandon passif à la «volonté de Dieu» dans la conduite de la vie; une

Représenter François de Sales en extase (à droite) peut se fonder sur un passage du *Traité de l'amour de Dieu* qui expose le sommet de la prière de quiétude : «Vous voyez donc bien, Théotime, que l'écoulement de l'âme en son Dieu n'est autre chose qu'une véritable extase, par laquelle l'âme est hors des bornes de son maintien naturel, toute mêlée, absorbée et engloutie en son Dieu, dont il arrive que ceux qui parviennent à ce saint excès de l'amour divin, étant par après revenus à eux, ne voient rien en la terre qui les contente, et vivant en un extrême anéantissement d'eux-mêmes, demeurent fort alangouris en tout ce qui appartient aux sens, et ont perpétuellement au cœur la maxime de la bienheureuse vierge Thérèse de Jésus : "Ce qui n'est pas Dieu ne m'est rien."»
Ci-dessous, François de Sales donnant à Jeanne de Chantal la règle de la Visitation.

conception également tout à fait passive de la prière, sans que le sujet n'ait plus aucun acte, même intérieur, à accomplir, l'inutilité quand on a atteint cet état, d'autres formes de prière ou de piété; la prétention d'arriver à un acte unique, indifférencié et ininterrompu de contemplation; le refus du salut à ceux qui ne s'engagent pas sur la voie mystique.

Michel de Molinos (1628-1696), prêtre espagnol vivant à Rome et professant les idées du quiétisme, fut accusé d'être un «directeur spirituel» abusif : son livre, *Guide spirituel*, fut mis à l'Index, et lui-même emprisonné à vie en raison d'accusations sans doute en partie fausses. Les thèses condamnées ne se trouvent pas dans son beau livre. En admettant qu'il ait pu induire en erreur des esprits inexpérimentés, peu équilibrés et mal guidés, il faut surtout comprendre qu'on a voulu donner un coup d'arrêt à des courants spirituels agités et suspects qui se développaient en Italie.

Jeanne Guyon : «Tous doivent faire oraison»

La destinée de Jeanne Guyon fut malheureuse. Née en 1648, veuve en 1676, elle mène une vie itinérante et pauvre. Ardemment mystique, elle a un grand rayonnement et séduit même un temps Madame de Maintenon, qui l'accable ensuite pour se dégager d'une emprise supposée. Car ses directeurs deviennent suspects et elle-même est en butte à la méfiance, aux jalousies, aux persécutions, à l'accusation de quiétisme après la condamnation en 1687 du *Guide*

Molinos (à gauche) avait pour sources le théoricien Jean Falconi et l'anachorète Grégoire Lopez, deux Espagnols; mais la plus intéressante est le laïc aveugle de Marseille, François Malaval (1627-1719), propagateur ardent de la prière de repos, qui donne cette définition de la quiétude : «La contemplation est un regard universel, pur et simple de Dieu présent : universel, sans conception particulière; pur, sans image; simple, sans discours.»

spirituel de Michel de Molinos. En 1688, Jeanne Guyon rencontre Fénelon et connaît avec lui une communication spirituelle profonde, laquelle ne débouchera pas en ce qui le concerne sur un vrai lien d'affection. *Le Moyen court et très facile de faire oraison* de Jeanne Guyon est mis à l'Index en 1689, et elle-même fait l'objet de procès ecclésiastiques infinis et d'un emprisonnement de huit ans sans jugement. Personnalité complexe – pure, docile, intelligente, agitée, prolixe –, c'est une mystique dans la ligne espagnole nocturne, avec une grande insistance sur l'anéantissement allant jusqu'à une inquiétante autodestruction. A-t-elle raison d'affirmer que le plus haut est aussi le plus simple, à la portée de chacun? : «Tous sont propres pour l'oraison; et c'est un malheur effroyable que presque tout le monde se mette dans l'esprit de ne pas être appelé à l'oraison. Nous sommes tous appelés à l'oraison comme nous sommes tous appelés au salut. L'oraison n'est autre chose que l'application du cœur à Dieu et l'exercice intérieur de l'amour. Saint Paul nous ordonne de prier sans cesse. [...] Tous peuvent donc faire oraison, et tous doivent la faire.» C'est la même référence que jadis pour la «prière du cœur».

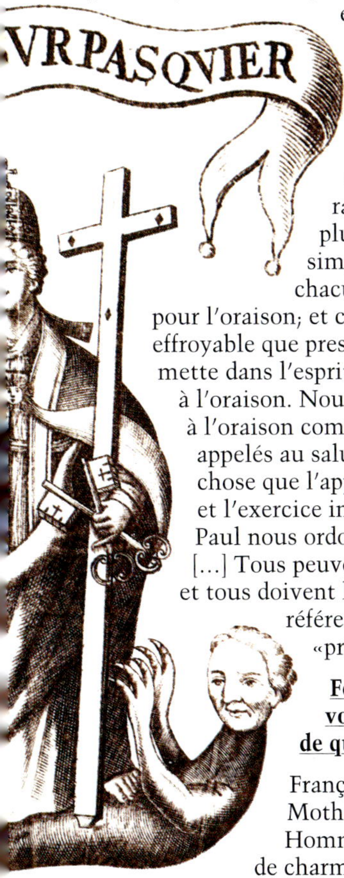

Fénelon : le pôle volontariste de l'oraison de quiétude

François de Salignac de La Mothe-Fénelon est né en 1661. Homme très fin, humain, plein de charme mais extrêmement

Le livre fondamental de Jeanne Marie Bouvier de La Motte, épouse Guyon (ci-dessus), est *Les Torrents* (1682). De grande importance également, sa *Vie*, dont on a récemment publié la quatrième partie : *Récits de captivité*. A la différence de beaucoup de ses écrits, l'Epilogue de la *Vie* est un texte extraordinairement brillant.

«Le bien est en Dieu. Je n'ai pour mon partage que le rien. Que puis-je dire d'un état toujours le même, sans vue ni variation? Car la sécheresse, si j'en ai, est égale pour moi à l'état le plus satisfaisant. Tout est perdu dans l'immense, et je ne puis ni vouloir ni penser.»

Jeanne Guyon, épilogue de la *Vie*

réservé, humaniste qui croit devoir résister à cette pente, grand pédagogue, prêtre puis évêque consciencieux, il est un spirituel exigeant et même plutôt sec et rigoriste à l'égard de ses «dirigés». Il connaît un moment de bonheur – et d'ambition – quand, précepteur du Dauphin, il vit à Versailles dans un petit groupe amical de grands seigneurs dévots. Il a confiance en Jeanne Guyon et s'appuie sur son expérience pour orienter la sienne propre passionnément appliquée à la recherche mystique, mais une recherche aride, dans laquelle il dit lui-même éprouver «une extrême sécheresse». Accusé lui aussi de quiétisme, il écrit pour se justifier les *Maximes des saints sur la vie intérieure* (1696), également mis à l'Index après une grande polémique avec Bossuet au terme de laquelle Louis XIV le confine dans son diocèse. Il se situe au pôle volontariste de l'oraison de quiétude. «La parfaite prière et l'amour de Dieu sont la même chose. [...] Le pur amour n'est que dans la seule volonté. [...] C'est un amour qui aime sans sentir, comme la pure foi croit sans voir.» Appuyée sur la Parole de Dieu et vécue dans la nue foi, cette prière est tout de même éprouvée comme une «union simple et familière qui est au-delà de tout discours». Elle peut se prolonger dans la vie active : «La prière n'est autre chose qu'un désir : désirez donc les biens spirituels et vous ne cesserez de prier. [...] Il ne faut qu'un instant de notre temps et un bon mouvement de notre cœur, sans aucune pensée distincte, encore ce moment peut-il être employé à autre chose. [...] C'est cette prière sans interruption que demande saint Paul.»

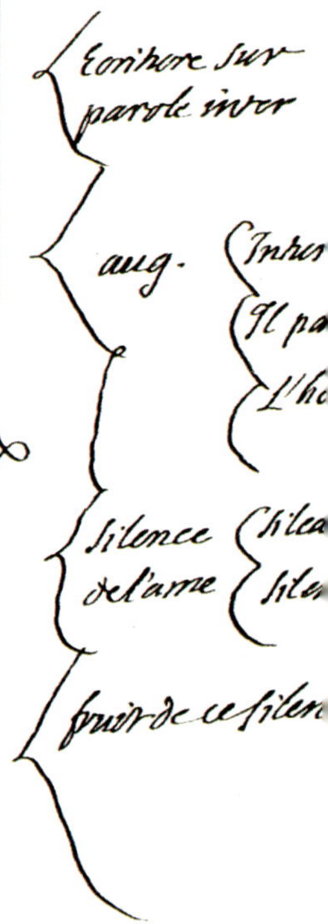

Fénelon (ci-contre) fit deux erreurs. Celle d'écrire un manifeste : l'expérience mystique que Bossuet admet à la rigueur comme extraordinaire est pour Fénelon un fruit normal de la grâce. Celle, ensuite, de demander au pape un jugement sur les *Maximes*. Favorable, celui-ci voulut éviter la condamnation et, ne le pouvant, lui donna la forme la plus bénigne possible, celle d'un *Bref* (1699). Ci-dessous, le plan autographe d'un sermon de Fénelon.

La querelle du «pur amour»

Jeanne Guyon, Fénelon sont donc englobés dans la suspicion de quiétisme qui sera en Italie, en France, une des raisons du reflux du courant mystique. Leur bannière, et la cible de leurs adversaires, est le «pur amour» : un amour de Dieu tellement désintéressé que l'on irait en enfer, s'il le fallait, pour s'abandonner encore au bon plaisir divin. C'est là sans doute une image

Bossuet (ci-dessus) s'intéresse à l'oraison. Les *Articles d'Issy* sur Jeanne Guyon, dont il est l'un des rédacteurs, sont positifs sur le «pur amour», mais non sans réserves. Son *Instruction sur les états d'oraison* paraît en même temps que les *Maximes* de Fénelon, dont il établit des extraits qui serviront de base à la condamnation romaine.

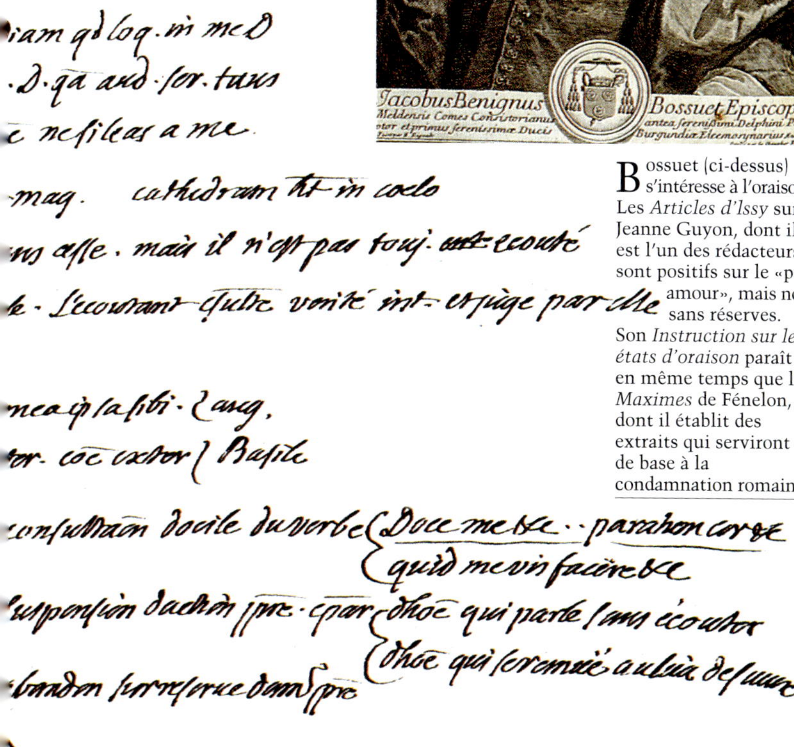

outrée du consentement aux obscurités de l'oraison. C'est aussi une insistance sur la noblesse d'un amour qui répugne à la gourmandise spirituelle des jouissances de la prière ou au mercantilisme des récompenses futures. Mais leurs critiques n'ont pas trop de mal à leur objecter que l'on n'est pas plus désintéressé parce que l'on cesse de désirer et d'espérer être avec l'Aimé, de se réjouir de sa présence. Et que cette hypothèse de l'enfer donne l'image d'un Dieu bien pervers, alors que celui de la foi n'a fait que promettre sa proximité et éveiller une espérance.

En réalité, si certains – comme Molinos ou Fénelon – insistent beaucoup sur la nécessité de consentir à la volonté éprouvante de Dieu, peut-être par rationalisation de l'échec d'une prière heureuse, en revanche d'autres – comme Madame Guyon, François de Sales ou Laurent de la Résurrection – mettent davantage l'accent sur la joie de la présence incessante de Dieu que sur la sécheresse de ses éclipses.

La durée d'une trace

Avec la suspicion portant sur les mystiques en Espagne sous prétexte d'«illuminisme» et la

condamnation du quiétisme en France, un essor spirituel multiforme est brisé à la fin du XVIIIe siècle. Et singulièrement celui du courant mystique qui connaît alors sa «retraite», son «déclin», sa «déroute». Cette condamnation donnait la victoire à Bossuet et à ses partisans. Mais c'était une victoire qui faisait aussi porter une suspicion sur beaucoup de mystiques antérieurs, même les plus grands.

Certains historiens attribuent cet effacement au rejet, à l'incompréhension et aux persécutions. D'autres voient dans la mystique des XVIe-XVIIe siècles une réponse héroïque et paradoxale à la vacillation des certitudes et à la crise d'un univers religieux jusque-là totalement cohérent. Certes, il s'est produit alors un repli intérieur, individuel et expérimental, l'absence de Dieu étant retournée en proximité absolument insaisissable : «L'obscurité est ma lumière.»

Pour autant, on ne peut affirmer que la floraison mystique du XVIIe siècle ait été le premier signe de la perte de Dieu dans le monde actuel. Le monde où elle se produit est encore saturé de religieux. Cette histoire, qui plonge ses racines dans des désirs permanents de l'être humain, a encore un avenir.

Voici le passage le plus clair de l'*Explication des Maximes des saints* sur l'épineuse question de l'amour pur, désintéressé jusqu'à accepter l'enfer. Car pour Fénelon, amour pur et passivité ne font qu'un.

«Celui qui aime du pur amour sans aucun mélange d'intérêt propre n'est plus excité par ce motif de son intérêt. Il ne veut que la béatitude pour soi, qu'à cause que Dieu la veut, et qu'il veut que chacun de nous la veuille pour sa gloire. Si par un cas qui est impossible à cause des promesses purement gratuites, Dieu voulait anéantir les âmes des Justes au moment de leur mort corporelle, ou bien les priver de la vue, et les tenir éternellement dans les tentations et les misères de cette vie, comme saint Augustin le suppose, ou bien leur faire souffrir loin de lui toutes les peines de l'enfer pendant toute l'éternité, comme saint Chrysostome le suppose après saint Clément, les âmes qui sont dans ce troisième état du pur amour, ne l'aimeraient ni ne le serviraient avec moins de fidélité.»

Fénelon,
Explication des Maximes des saints

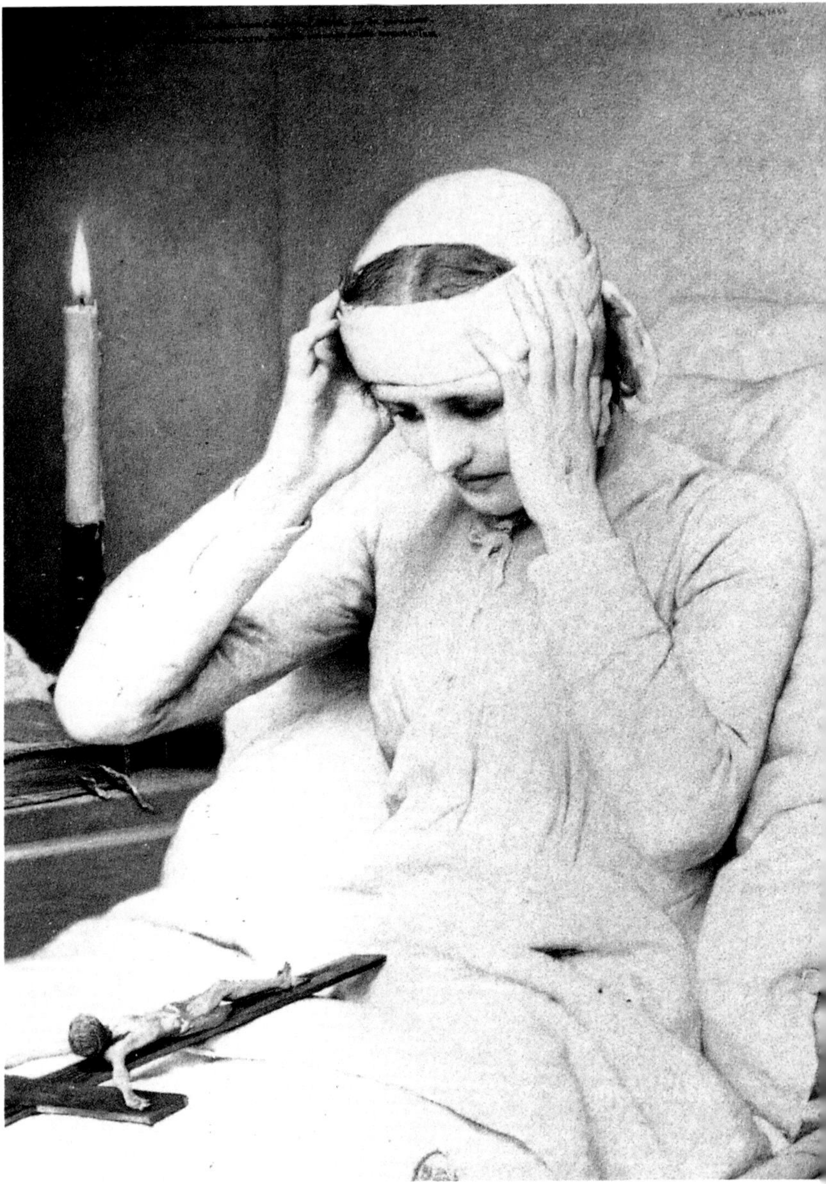

Après le «déclin», un essor original se produit dans l'ésotérisme de la fin du XVIIIe siècle. Aux XIXe et XXe, vient le temps des études : confrontation avec d'autres religions, discussions avec la psychiatrie et la psychanalyse, naissance de mystiques agnostiques. La mystique continue-t-elle chez les chrétiens ?

CHAPITRE VI
CRÉPUSCULE ET RENAISSANCES DE LA MYSTIQUE

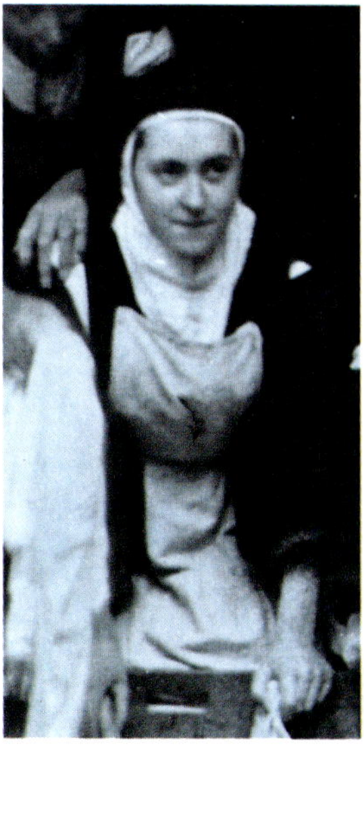

On a souvent tenté d'expliquer les expériences des mystiques par la pathologie. Le mot «pathologie» a un sens, qu'il convient de savoir appliquer. Catherine Emmerick (à gauche), visionnaire stigmatisée, présente des symptômes d'ordre psychiatrique. On peut parler d'aspects névrotiques chez Thérèse de Lisieux (ci-contre), mais personne n'avancerait qu'elle soit une malade mentale. Le mot «sainteté» a un sens aussi : c'est Thérèse, et non Catherine, qui a changé la vie spirituelle dans l'Eglise catholique.

SCIENCE DE DIEU.
- THÉOLOGIE NATURELLE. THÉOLOGIE RÉVÉLÉE. — RELIGION. *D'où par abus,* SUPERSTITIONS.
- SCIENCE DES ESPRITS BIEN ET MAL FAISANS. — DIVINATION. MAGIE NOIRE.

Voltaire, qu'on a traité de «mystique inhibé», incarne la première génération des Lumières. A sa façon, il est un homme religieux. Mais il est farouchement antichrétien – le Dieu vengeur, le prêtre de sang – et hostile à toute religion instituée. Quant à la mystique, il suffit de lire l'article «Enthousiasme» du *Dictionnaire philosophique* pour savoir ce que Voltaire en pense : «L'enthousiasme est surtout le partage de la dévotion mal entendue. Le jeune fakir [pour ne pas dire le jeune moine chrétien, le mystique] s'endort, l'imagination toute pleine de Brama [Jésus], et il ne manque pas de le voir en songe.» La seconde génération (Diderot, d'Alembert – ci-dessus un tableau de leur *Encyclopédie* –, Holbach, Helvétius) sera athée et matérialiste. La caricature antijésuite ci-contre exprime l'esprit anticlérical du temps, qui se concentre sur la Compagnie de Jésus. Cette dernière sera supprimée en 1773.

Mystique et Lumières

Emmanuel Swedenborg (ci dessus), fils d'un théologien suédois, reçut une formation scientifique. Il eut, en 1745, une vision où Dieu lui montra «ce qui se passait dans l'autre monde; il put parler, tout éveillé, à des anges et à des esprits». Il devint un écrivain «théosophe», élaborant un système universel, et l'interlocuteur d'illustres défunts. Il eut une grande influence sur une partie de l'Illuminisme en réaction contre les Lumières, notamment sur Lavater, l'inventeur de la «physiognomonie» (art de découvrir le caractère en observant la physionomie).

Déclin du piétisme protestant, retraite des mystiques : le XVIIIe siècle est le temps des Lumières. Mais il va y avoir une réaction contre ce que l'on perçoit alors comme le rationalisme et la sécheresse de celles-ci, dans le climat plus affectif de la fin du siècle, dont témoigne déjà le rousseauisme. Cette réaction va prendre la forme d'une vague de religiosité émotive, irrationnelle, initiatique qui submerge l'Europe : l'Illuminisme, dont le savant et théosophe suédois Swedenborg (1688-1772) est le précurseur en fondant la secte de l'Eglise de la Nouvelle Jérusalem. Toute la tradition mystique y est réinterprétée dans le sens d'une expérience intime, secrète, sans Eglise. Dès lors, cette spiritualité sera la religion des gens cultivés, qui continuent de considérer les orthodoxies de croyances et de rites comme disqualifiées. Elle aura aussi une immense influence sur le romantisme, quant à ses thèmes majeurs et surtout quant à l'idée d'une religion plus haute qui peut, par exemple, être identifiée à la poésie. La figure la plus marquante de son aile mystique est Claude de Saint-Martin (1743-1803), le «Philosophe inconnu», éditeur de Jacob Boehme, chrétien convaincu mais indépendant, auteur d'ouvrages qui ont eu un grand crédit au XIXe siècle.

De nouveaux horizons religieux

Au cours de ce XIXe siècle, la science des religions naît lentement. Elle conduit à prendre en considération les religions de l'Extrême-Orient. L'hindouisme et le bouddhisme, qui seront en fait très mal connus jusqu'à la fin du siècle, semblent attester des expériences suffisamment comparables à celles des

mystiques monothéistes pour que l'on élabore une mystique englobant la mystique d'Orient et d'Occident. Notion assez large pour que les nouveaux théoriciens la disent identique dans toutes les religions, ou même affirment qu'elle dépasse celles-ci et les rend caduques en tant que systèmes de rites et de croyances; la faiblesse des mystiques occidentaux serait de n'avoir pas su s'affranchir de la gangue de leur religion. Un bon connaisseur de l'hindouisme du début du XXIe siècle, Romain Rolland, définira la mystique comme une sensation religieuse originale portant sur l'éternel et l'infini, un sentiment «océanique» qui a valeur d'un fait expérimental : le contact d'une réalité autre.

Le professeur Jean-Martin Charcot (1825-1893, ci-dessus), a lié son nom à l'hystérie, qu'il étudie à la Salpêtrière; dans cette perspective, il s'intéresse à la mystique. Son élève Pierre Janet (1859-1947) s'en fera une spécialité, en rivalité avec Freud.

De la psychiatrie à la psychanalyse

A la même époque, à partir des malades mentaux présentant des délires religieux et «mystiques», la

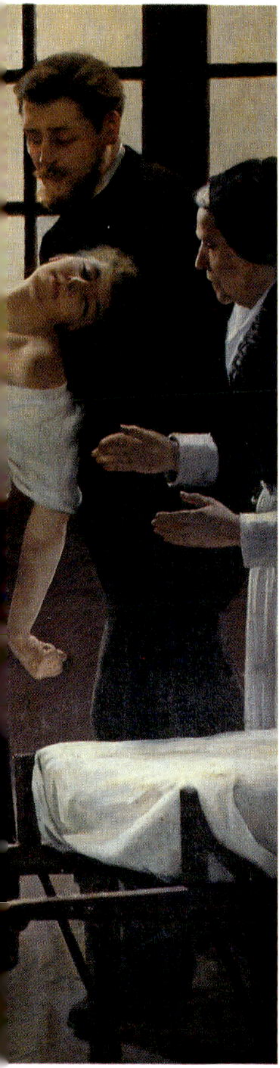

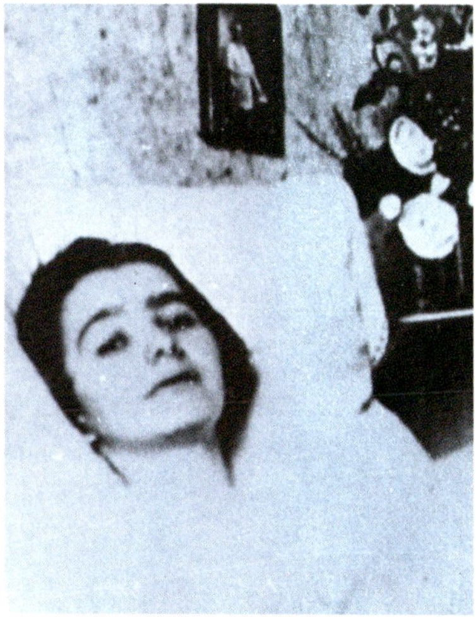

psychiatrie va s'intéresser à son tour à ce dossier. Elle cherche à étendre ses hypothèses – par exemple, l'interprétation par l'hystérie, de Charcot et Janet – aux grands mystiques qui ont parfois présenté de curieux symptômes. Un grand débat en naît, bientôt relégué au second plan par celui que suscite la psychanalyse naissante. Face à Romain Rolland, Freud considère la «mystique» comme un fait purement psychique, une production qui doit être interprétée. Il la lit en termes de retour illusoire à la plénitude «narcissique» originelle du sujet humain séparé du sein maternel. Les divers symptômes peuvent également être éclaircis par la psychanalyse des névroses et des psychoses. Le débat est loin d'être clos. On ne peut pas ne pas reconnaître le caractère éclairant de la psychanalyse quant à la genèse et au contenu de toutes les conduites et représentations humaines,

Marthe Robin (ci-contre), la «petite sainte de la Drôme», est un exemple des ambiguïtés que peut comporter une figure que l'on dit «mystique», sans expliquer ce qu'on entend par là. Ce fut une croyante et une femme de prière, dont on ne voudrait contester ni l'authenticité ni le rayonnement. Mais, d'une part, les aspects pathologiques de sa personnalité sont patents et, d'autre part, son image a été construite par un entourage dans un esprit de valorisation non critique de tout ce qui est «surnaturel», de mariologie galopante, de militantisme ecclésiastique et politique.

Avec Brahma (la création) et Vishnu (le maintien), dans l'indouisme classique, Shiva (la dissolution, ci-dessous) est le seigneur de la danse cosmique.

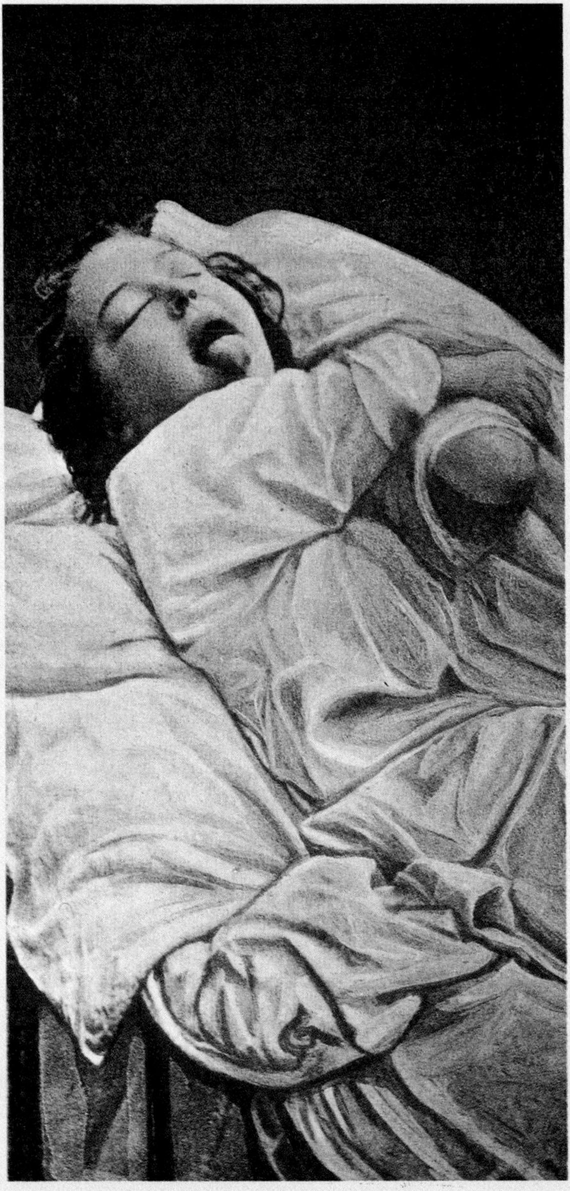

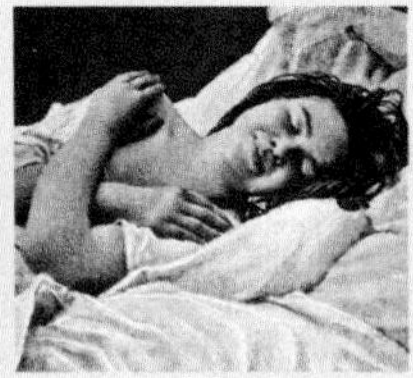

L'école française de psychiatrie s'est beaucoup intéressée à l'hystérie, suscitant, dans une certaine mesure, ce qu'elle voulait observer. Dès les *Etudes sur l'hystérie* (1895), écrites avec Joseph Brever, Sigmund Freud va beaucoup plus loin, y compris pour l'intelligence des cas où «mystique» et «hystérie» s'imbriquent. Mais l'interprétation «hystérique» ne fonctionne pas bien pour la mystique et, dans le cas de «Madeleine Lebouc» (Pauline Lair-Lamotte), étudié par Janet, Jacques Maître a montré qu'il fallait plutôt rattacher l'épisode «mystique» délirant de cette femme (stigmates et lévitation supposés, grande psychasthénie) à un temps de déstabilisation de sa névrose. Avant et après son hospitalisation à la Salpêtrière, elle est une profonde chrétienne, sans doute très marquée par son histoire psychique, mais dont Maître pense qu'il n'y a pas lieu de considérer son oraison, typiquement mystique, autrement que celle des autres témoins de cette aventure.

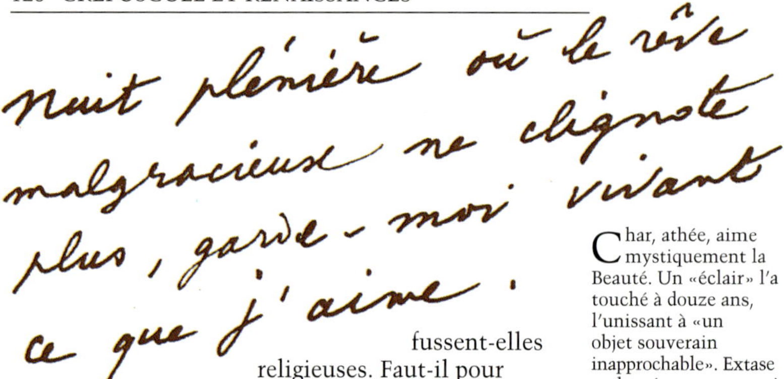

fussent-elles religieuses. Faut-il pour autant admettre qu'elles puissent expliquer le fait même de l'expérience mystique davantage que les autres activités «spirituelles» – intellectuelles, éthiques, artistiques – qui demeurent mystérieuses? La mystique elle-même, du reste, ne doit-elle pas être considérée pour une part comme une remarquable création de l'imagination? La théorie de la sublimation des pulsions semble bien courte pour rendre compte de ces activités spirituelles, et la réduction au narcissisme primaire bien insuffisante pour la mystique. L'unitif n'est pas nécessairement le fusionnel; certaines comparaisons en relativisent d'autres : Dieu est père *et* mère, époux *et* ami; le silence peut se situer en-deçà du langage mais aussi au-delà, en gardant le bénéfice de la différenciation.

Char, athée, aime mystiquement la Beauté. Un «éclair» l'a touché à douze ans, l'unissant à «un objet souverain inapprochable». Extase prolongée : on surprenait Char, le soir, dans un état de rêve éveillé, balbutiant une langue étrange, vivant une «nuit» proche de celles de Novalis et de Jean de la Croix, qu'il admirait.

«Ô nuit, je n'ai rapporté de la félicité que l'apparence parfumée d'ellipses d'oiseaux insaisissables.» Mallarmé (ci-dessus), devenu athée par l'épreuve du néant, a sa religion : de la nature, de la poésie, mais on ne peut parler de mystique.

De grands spirituels, de grands écrivains

Autre forme de la présence de la mystique, qui apparaît au tournant du siècle : l'intérêt naissant pour son corps littéraire. Poursuivant les études de Sainte-Beuve, l'historien Henri Bremond démontre que les grands spirituels du XVIIe siècle ont été aussi de grands écrivains. Les mystiques en particulier le fascinent, et plusieurs générations d'universitaires vont affiner ses apports, tandis que des philosophes comme Bergson voient dans nos témoins les types même de la «religion ouverte». D'une façon très différente, un certain nombre d'écrivains ont fait état depuis lors d'expériences de plénitude dans le dépouillement, dans leur vie ou dans leur création poétique même. Agnostiques ou athées, ces post-chrétiens issus de Mallarmé font référence aux mystiques du passé. On peut penser à la mystique du néant chez Georges Bataille ou de l'absence chez Maurice Blanchot, à l'expérience extatique de la beauté chez René Char, à la méditation sur les analogies entre mystique et sculpture ou poésie chez Yves Bonnefoy.

> Regarder la nuit battue à mort ; continuer à nous suffire en elle.

René Char connut Jean Hugo grâce à Eluard en 1931. Le peintre illustra plusieurs poèmes de lui, dont *Sur une nuit sans ornement* (1957, manuscrit ci-dessus et à gauche, avec deux gouaches de Jean Hugo). Insomniaque, Char illustra lui-même *La Nuit talismanique*. Le thème de la «nuit plénière» a chez lui une forte résonance mystique.

J'entends par *expérience intérieure* ce que d'habitude on nomme *expérience mystique* : les états d'extase, de ravissement, au moins d'émotion méditée. Mais je songe moins à l'expérience *confessionnelle*, à laquelle on a dû se tenir jusqu'ici, qu'à une expérience nue, libre d'attaches, même d'origine, à quelque confession que ce soit. C'est pourquoi je n'aime pas le mot *mystique*.

Je n'aime pas non plus les définitions étroites. L'expérience intérieure répond à la nécessité où je suis — l'existence humaine avec moi — de mettre tout en cause (en question) sans repos admissible. Cette nécessité jouait malgré les croyances religieuses, mais elle a des conséquences d'autant plus entières qu'on n'a pas ces croyances. Les présuppositions dogmatiques ont donné des limites indues à l'expérience : celui qui sait déjà ne peut aller au-delà d'un horizon connu.

L'EXPÉRIENCE INTÉRIEURE
PAR GEORGES BATAILLE

Le premier chapitre de *L'Expérience intérieure* (ci-contre) est intitulé «Critique de la servitude intérieure (et du mysticisme)». Ce que Bataille nomme expérience intérieure est bien le ravissement mystique, mais sans dogme, sans Dieu ni lien institutionnel. Dans sa «nouvelle théologie mystique», le moi se déchire dans une extase liée au vide inconnu, au néant, en défaisant toutes les représentations illusoires nées du langage et de la pensée. «Le Non-Savoir communique l'extase.»

Le Forum des communautés chrétiennes (ci-contre) a rassemblé 3 000 participants à Vincennes en 1995 : communautés de base, chrétiens critiques, déçus de Vatican II et laïcs actifs dans l'Eglise.

L'actualité d'un appel

N'y a-t-il aujourd'hui aucune présence vivante de la mystique, au sens où nous l'avons entendue? Parler d'un crépuscule des mystiques au début du XVIIIe siècle signifie que se termine un certain éclat public, et que vont faire défaut par la suite des figures éminentes ou des formes nouvelles situées dans la même ligne. Mais on peut penser que des êtres très nombreux ont cherché leur voie, orienté une vie spirituelle dans leur sillage, grâce à leurs textes, et parfois au sein d'une tradition comme le carmel. De temps en temps, une personnalité repérable surgit, attestant une nappe cachée. Ainsi Thérèse de l'Enfant Jésus ou Elisabeth de la Trinité. Thérèse n'a sans doute pas été canonisée en raison de sa vie mystique mais parce qu'elle a opéré un déplacement génial de la spiritualité catholique du XIXe siècle : retour à l'Evangile, simplicité de la foi et de l'esprit d'enfance, refus du mérite et de l'expiation. Il n'est pourtant pas difficile de reconnaître dans ses références, son expérience, ses expressions une filiation à l'égard de Jean de la Croix.

Une carmélite mystique du début du siècle, comme celles des images ci-dessus et ci-dessous, moins connue que Thérèse est Elisabeth de la Trinité (1880-1906). Dans la ligne des Espagnols, mais avec une note propre de relation aux Personnes divines et de conformation à elles.

Pourtant les plus vivants des chrétiens de notre siècle ont eu un rapport difficile avec la tradition mystique. Grâce aux renouveaux biblique, liturgique, patristique, œcuménique, ils sont revenus à un sens spécifiquement chrétien de la prière et de la mystique des mystères. Leur sens ecclésial renouvelé, leur goût de la communauté, leur conviction d'une responsabilité dans le monde les ont rendus réticents à l'égard de l'individualisme des mystiques. Surtout, leur idée d'une foi «incarnée» leur a fait paraître suspect le détachement radical à l'égard des sens, de l'imagination, du plaisir voire de la pensée

et finalement de soi, qui semblent le prix à payer pour avancer sur le chemin de l'Union. Deux évolutions récentes ont un peu modifié ce jugement négatif. D'une part, un souci d'approfondissement de la prière personnelle, négligée à l'époque où primait l'«engagement» ecclésial et politique, a conduit plusieurs à se demander si l'on ne pouvait retenir quelque chose du haut exemple des mystiques. Et par exemple pratiquer la prière du cœur ou l'oraison de repos. Mais cela au sein d'une vie humaine sensible, affective,

D'une part l'individualisme mystique et la linéarité d'une tradition (les carmélites), d'autre part le débat communautaire et l'interprétation critique (le Forum). Le rapprochement de ces images suggère un contraste... mais ni la liberté intérieure ni l'inquiétude spirituelle ne se voient !

Des croyants reprennent le vieux chemin de l'oraison : «Brise tous les miroirs, et dans la lumière ou la nuit très pure, fais-toi invisible. [...] Paradoxe de l'oraison, en ne sortant jamais du commencement, on parvient à l'achèvement» (Albert-Marie Besnard, dominicain, 1969).

On coupe les cheveux de Thérèse Martin avant sa prise d'habit au carmel de Lisieux. Elle joue le rôle de Jeanne d'Arc, dans une de ces scènes qu'elle se plaisait à écrire. Thérèse de l'Enfant Jésus avait désiré passionnément rentrer au carmel. Elle y souffrit beaucoup, même spirituellement («Il permit que mon âme fût envahie des plus épaisses ténèbres.»); elle sut aussi y trouver sa joie, mais celle-ci était toujours liée à l'espoir («J'aime jusqu'à mourir d'amour»). Elle demande à Dieu : «Rompez la toile de cette douce rencontre» – une parmi la centaine de citations de Jean de la Croix dont elle émaillait ses écrits. Ci-contre et ci-dessus, deux scènes de la vie de Thérèse de Lisieux tirées du film d'Alain Cavalier.

réfléchie, solidaire. D'autre part, un certain nombre de croyants déçus par les Eglises cherchent des repères en vue de recréer une identité chrétienne à distance des institutions. Et ces figures libres et solitaires, animées d'une grande passion religieuse, semblent leur faire signe.

Un avenir pour la mystique?

La situation culturelle présente est marquée par une triple différence au regard de ce qu'elle était il y a cinquante ans. D'abord une aggravation de la perte de crédibilité du christianisme. De plus en plus de personnes échouent à interpréter leur vie grâce aux croyances et pratiques chrétiennes, sans pourtant renoncer à toute recherche religieuse. Ensuite, une rencontre des religions sur le terrain européen même. Pour une découverte réciproque, et un dialogue, sans doute. Pour des emprunts partiels tels que ceux des méthodes de concentration du yoga et du zen en vue de favoriser la prière, qui sont bien davantage que des techniques. Mais aussi pour une sorte de «libre-service» dans lequel chacun peut choisir ici ou là des éléments et bricoler sa propre spiritualité. La situation actuelle est marquée

enfin par une présence insistante des techniques psychologiques et corporelles de thérapie, d'épanouissement personnel. Dans ce triple contexte, sont nés des courants spirituels nouveaux, que l'on a qualifiés de «mystico-ésotériques». Le caractère individuel, l'idée d'un développement de soi, l'élément affectif et émotionnel, la vision d'un monde nu et plein de correspondances, le souci d'intégrer les apports de la science, le goût des «faits» extraordinaires, le charisme des leaders y sont particulièrement importants. Groupes divers, du reste, en général distincts des milieux occultistes classiques comme aussi des sectes, encore que des dépendances et glissements soient possibles. Une forme répandue, particulièrement syncrétiste – amalgamant à partir de ressemblances souvent superficielles – et floue, est nommée Nouvel Age. Dans ces milieux, les textes et la figure des mystiques chrétiens restent des points de repères majeurs, de façon sans doute plutôt esthétique et non sans de sérieux malentendus. Toutefois, ici comme pour les milieux chrétiens évoqués précédemment, qui donc serait capable d'établir un pronostic sur l'avenir de la mystique? L'aventure s'enracine si profond, à la fois dans les désirs inconscients, dans le sentiment heureux de sa propre existence et dans la passion de s'accorder à l'absolu, qu'on peut lui prédire bien des résurgences.

Il arrive qu'on se souvienne que le christianisme a donné lieu à des images belles et impérissables. Et il arrive que des artistes s'en inspirent, tel Dali peignant la crucifixion (à gauche). Ce n'est pas un hasard si ce crucifix est celui de saint Jean de la Croix. Sa haute figure et quelques autres – Eckhart, Tauler, Ruysbroeck, Thérèse d'Avila... – attirent, de nos jours, des esprits que rien ne rattache plus à la foi. La «mystique» évoque un absolu que, d'une autre façon, on rêve d'atteindre. Mais sans vouloir payer le prix du dépouillement radical qui en semblait la condition. Les chrétiens eux-mêmes, qu'une recherche spirituelle remet en mouvement, ne conçoivent celle-ci que de façon non incompatible avec le corps et le monde. La mystique reste étrange, voire énigmatique, aux lecteurs et aux «mystiques» eux-mêmes.

“La joie des saints est joie de l'incompréhension : ils comprennent qu'ils ne peuvent pas comprendre.”

Angèle de Foligno

TÉMOIGNAGES ET DOCUMENTS

Les états extraordinaires

Plusieurs, parmi les plus grands mystiques, ont été sévères à l'égard des états extraordinaires dont d'autres témoignent avec ardeur. Aux yeux des premiers, ces phénomènes n'ont pas de valeur propre, et constituent même autant d'obstacles sur le chemin de l'union à Dieu. Pourtant ils occupent le devant de la scène de ce que l'on entend communément par mystique, et il importe de s'interroger sur leur sens.

Une extase de Catherine de Sienne.

L'extase

Au sens fort, l'extase est l'expérience de se trouver «en dehors de son propre moi», avec une perte de la relation à la réalité, une mise en veilleuse de la sensibilité corporelle et une concentration sur l'«âme». On parle aussi de transport, ravissement, vol mystique, surtout si l'extase est soudaine, imprévisible. Il en existe de nombreuses formes, notamment d'origine toxicologique; on dira qu'il s'agit d'une extase mystique lorsque le raptus *se lie à une union à Dieu. Jean de la Croix, qui rejette toutes les formes de visions et d'apparitions, est plus nuancé pour le ravissement :*

Pour mieux faire entendre la nature de ce vol, rappelons ce que nous avons dit plus haut. Dans cette visite de l'Esprit divin, celui de l'âme se trouve puissamment enlevé; il est mis en communication avec l'Esprit de Dieu. Le corps tombe dans un état de mort, en ce sens que l'âme n'a plus en lui ni sentiment ni opération, lesquels se trouvent transférés en Dieu. C'est pour cette raison que saint Paul, parlant de son ravissement, déclare ne savoir si son âme était alors unie à son corps ou si elle en était séparée (2 Co 12, 2).

Cela ne veut pas dire que l'âme abandonne le corps de manière à le priver de la vie naturelle, mais elle cesse en lui ses opérations. Aussi, durant ces ravissements et ces vols de l'âme, le corps demeure-t-il privé de sentiment. Si on lui cause des douleurs aiguës, il reste insensible : état bien différent des défaillances et des évanouissements naturels, dont la douleur fait sortir.

Ces souffrances se produisent durant les visites de Dieu chez les personnes qui n'ont pas encore atteint l'état de perfection, mais qui en approchent, en un mot chez ceux que l'on appelle les progressants. Chez ceux qui ont atteint l'état parfait, la communication a lieu entièrement dans la paix et en suavité d'amour. Pour eux ces sortes de ravissements cessent, parce qu'ils n'étaient qu'une préparation à la communication totale.

Jean de la Croix,
Cantique spirituel A, 12,
Œuvres complètes, Cerf, 1970

Les visions, les apparitions, les révélations

Les visions sont liées à l'extase, avec un vécu visuel, acoustique et affectif inattendu, mais sans l'engagement des sens corporels caractérisant les apparitions, qui s'accompagnent d'une perception normale du monde environnant. Les premières n'ont pas par elles-mêmes un sens de rencontre mystique avec Dieu; il s'agit plutôt de la découverte d'un «autre monde». Mais les visions ou apparitions du Christ s'en rapprochent déjà, avec parfois un message de révélation particulière de réalités surnaturelles, en général bien distinguées de la «Révélation» biblique. Anne-Catherine Emmerick (1774-1824) fut une visionnaire célèbre dont le grand poète allemand Clemens Brentano recueillit des paroles et écrivit la vie.

Transportée hors du temps, elle ne peut rendre en quelques heures de narration tout ce qu'elle voit et entend et elle tâche

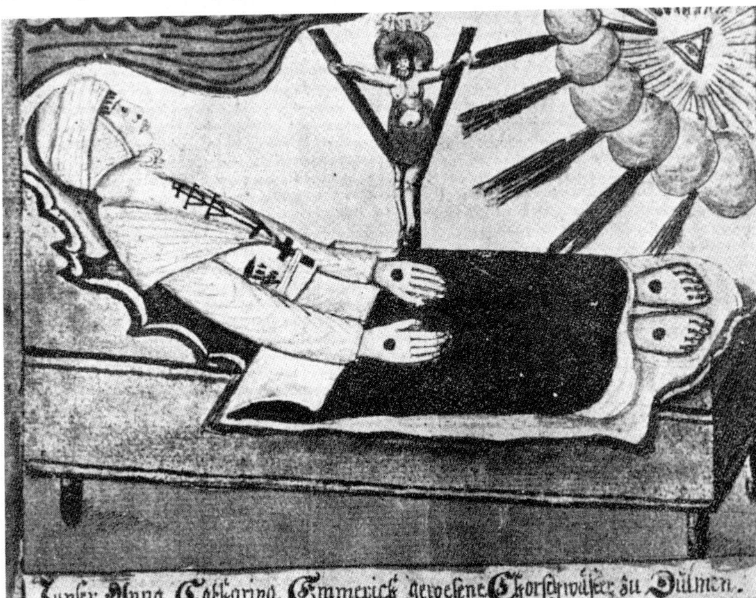

Catherine Emmerick au cours d'une de ses extases (les pieds et les mains portent les stigmates).

parfois de nous le rappeler. Ainsi, après être demeurée auprès de Jésus priant dans une grotte durant son jeûne de quarante jours au désert, elle dira :

«Ses souffrances lui furent montrées d'avance et il demanda la grâce nécessaire pour subir chacune d'elles. J'eus cette vision pendant près de trois heures; elle renfermait tant de choses qu'il semblait qu'elle avait duré pour moi une année entière.»

Après avoir contemplé la plantation de vignobles sur la montagne de Jérusalem après le Déluge et l'agencement à cet endroit d'un nouveau pressoir à vin par le vieux Japhet, elle termine son récit par ces mots : «Le vrai cep de vigne est Jésus-Christ. Le vrai cep de vigne unit le ciel et la terre, la divinité et l'humanité; ce qui est humain doit être taillé afin que le divin seul puisse croître. Je vis tant de choses relatives à la vigne (en différentes occasions) quant à ses formes et à ses effets dans l'ordre de la nature et dans l'ordre spirituel, qu'un livre aussi gros que la Bible ne pourrait les contenir...»

Et : «Je vis une infinité de choses pour lesquelles il n'y a pas d'expression possible. Qui peut dire avec la langue ce qu'il voit autrement qu'avec les yeux ?» A peu près chaque jour, Anne-Catherine pouvait raconter quelque épisode de la vie de Jésus, elle les donnait souvent très fragmentés et Brentano consignait jour par jour ce qu'il entendait.

Anne-Catherine Emmerick racontée par elle-même et par ses contemporains, Téqui, 1992

Les stigmates

On nomme stigmates des traces corporelles douloureuses des plaies du Christ, visibles ou invisibles, permanentes ou périodiques. Le premier dans l'histoire dont on raconte la stigmatisation est

Le Christ apparaît à saint François et lui imprime les stigmates.

François d'Assise. On la retrouve ensuite, par exemple, chez Catherine de Sienne et Anne-Catherine Emmerick.

Saint François commença à contempler avec une très grande dévotion la Passion du Christ et son infinie charité. Et la ferveur de la dévotion croissait tellement en lui qu'il se transformait tout entier en Jésus par amour et par compassion. Comme il était en cet état et qu'il s'enflammait dans cette contemplation, il vit, en cette même matinée, venir du ciel un Séraphin avec six ailes de feu resplendissantes; comme ce Séraphin, dans son vol rapide, s'approchait tellement de saint François qu'il pouvait le bien voir, il reconnut clairement qu'il avait en lui l'image d'un homme crucifié et que les ailes étaient disposées de telle sorte que deux se déployaient sur sa tête, deux se déployaient pour voler, et les deux autres couvraient tout son corps. [...]

Cette vision admirable disparaissant donc après un long espace de temps et ces paroles secrètes, laissa au cœur de saint François une ardeur sans mesure et une flamme d'amour divin, et laissa dans sa chair une merveilleuse image et empreinte de la Passion du Christ : car aussitôt dans les mains et dans les pieds de saint François commencèrent à apparaître les marques des clous, de la manière qu'il venait de voir sur le corps de Jésus crucifié, qui lui était apparu sous la forme d'un Séraphin; et ainsi ses mains et ses pieds paraissaient cloués en leur milieu par des clous, dont les têtes, hors de la chair, se trouvaient dans les paumes des mains et sur la partie supérieure des pieds, et dont les pointes ressortaient sur le dos des mains et dans les plantes des pieds : ils paraissaient recourbés et rivés en sorte que, sous cette courbure, dans ce repli, qui tout entier faisait saillie sur la chair, on aurait pu facilement passer le doigt comme dans un anneau; et les têtes des clous étaient noires et rondes. De même, dans son côté droit il apparut la plaie d'un coup de lance, non cicatrisée, rouge et ensanglantée, qui dans la suite jetait souvent du sang de la sainte poitrine de saint François, et lui ensanglantait sa tunique et ses braies. Aussi ses compagnons s'étant aperçus, avant de le savoir par lui, qu'il ne se découvrait ni les mains ni les pieds et qu'il ne pouvait poser à terre la plante des pieds, trouvant ensuite sa tunique et ses braies ensanglantées quand ils les lui lavaient, eurent la certitude qu'il avait manifestement empreinte, aux mains et aux pieds, et de même au côté, l'image et ressemblance du Christ crucifié.

Les Fioretti de saint François,
Traduction de A. Masseron,
Seuil, 1967

La lévitation

Il s'agit de l'élévation et de la suspension flottante en l'air d'une personne ou d'un objet, en général par l'effet de la violence de l'extase. Elle connaît divers degrés : on peut se sentir légèrement soulevé au-dessus du sol, comme l'attestent plusieurs mystiques, ou éprouver un déplacement plus grand, rappelant davantage des cas relevant de la parapsychologie. Ce second

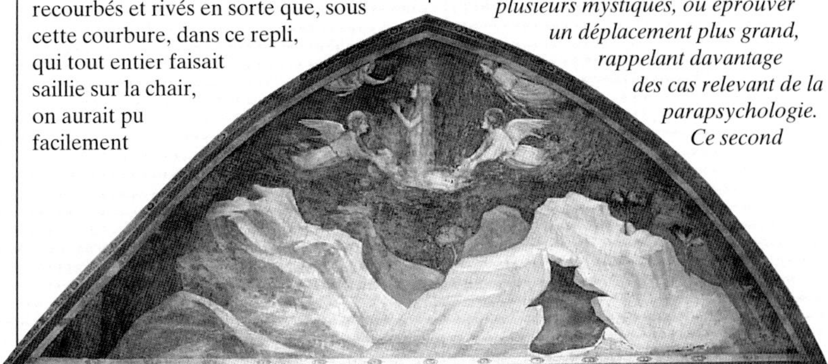

Marie-Madeleine est enlevée dans les airs, portée par deux anges sur un petit nuage.

phénomène est pourtant celui que l'on rapporte au sujet de saint Joseph de Copertino (1603-1663) :

Lorsque le prodige eut lieu pour la première fois, dans l'église de Copertino – c'était le 4 octobre 1630, aux vêpres de saint François –, Joseph Desa était âgé de vingt-sept ans ; entré cinq ans auparavant chez les Conventuels de son village natal, il avait connu, bientôt après son ordination sacerdotale, une douloureuse nuit de l'esprit ; à deux années de désolation spirituelle ininterrompue, avait succédé la consolation d'extases parfois fort longues, caractérisées par une délicate intimité avec la Vierge Marie. [...] La première lévitation coïncida avec le début d'une extase plus profonde, un ravissement ou vol de l'esprit : poussant un grand cri, Joseph fut soulevé plus haut que la chaire, au-dessus d'une foule d'abord stupéfaite – on l'eût été à moins ! –, puis enthousiaste, comme on peut l'être en Italie méridionale.

A partir de ce jour, le prodige se reproduisit en public une bonne centaine de fois, jusque moins d'un mois avant sa mort le 18 septembre 1663. Ces faits spectaculaires remplissaient le sujet d'une grande confusion et, revenu à lui... et sur la terre ferme, soit spontanément, soit en vertu d'un ordre de ses supérieurs, il s'enfuyait dans sa cellule pour s'y cacher et pleurer. Il suffisait d'un rien pour occasionner ces extases accompagnées de lévitations : la célébration de la messe, bien sûr, mais aussi un chant d'oiseau, la vue d'une statue, une parole de l'Ecriture, un propos sur l'amour de Dieu.

J. Bouffet,
Encyclopédie des phénomènes extraordinaires dans la vie mystique,
F. X. de Guibert, 1992

Les parfums

Entre plusieurs autres phénomènes plus éloignés de la mystique, on peut citer la fragrance ou émanation de parfum, qu'en général on donne plutôt pour un signe de sainteté post mortem (lié à l'incorruption du corps). Un cas contemporain est celui du capucin thaumaturge et stigmatisé célèbre, le Padre Pio (Pio de Pietralcina, 1887-1968).

Cette fragrance mystique ou «odeur de sainteté» est un des plus fréquents phénomènes mystiques qu'aient pu observer les pèlerins de San Giovanni Rotondo. Elle est attestée dès ces premiers temps de la stigmatisation et le sera fréquemment jusqu'à sa mort. Il s'agissait toujours d'un parfum exquis mais difficilement définissable. Certains crurent y reconnaître l'odeur mêlée du lilas et du magnolia, d'autres un parfum de violette et de rose. Ce phénomène de l'odeur de sainteté qui se dégage de la personne ou d'un objet lui appartenant, ou même en son absence quand on l'évoque, est ancien dans l'histoire de la mystique.

Y. Chéron, *Padre Pio le stigmatisé*, Librairie Académique Perrin, 1989

Le sens de ces manifestations

Pour Michel de Certeau, le mystique inscrit le plus souvent son expérience indicible dans le langage par un «écart» (au regard de l'usage habituel du langage oral ou écrit). Mais il y a aussi le langage symbolique du corps.

De toutes les manières, le mystique «somatise». Il interprète la musique du sens avec le répertoire corporel. Il ne joue pas seulement de son corps. Il est joué par lui, comme si le piano ou la trompette était l'auteur dont l'exécutant ne serait que l'instrument. A cet égard, les stigmates, la lévitation, les visions, etc. dévoilent et imposent des lois obscures du corps, notes extrêmes d'une gamme jamais complètement inventoriée, jamais apprivoisée tout à fait et que réveillerait l'exigence même dont elle est tour à tour le signe et la menace.

Une proximité dangereuse – dangereuse pour ses témoins, mais plus encore pour une société – rattache souvent, sur les limites de l'expérience, le «mystique» au «pathologique». Entre la folie et la vérité, les liens sont énigmatique et ne constituent pas un rapport de nécessité. Mais il est encore plus erroné de tenir le conformisme social pour le critère de l'expérience spirituelle. L'«équilibre» psychologique répond à des normes sociales (d'ailleurs changeantes) que le mystique passe et repasse, à la manière dont Jacob traversa le gué du Yabboq, saisi un moment sur l'autre rive par l'ange nocturne.

Du «corps profond», et par lui, naît sans doute le mouvement qui caractérise finalement le langage «mystique» : celui d'avouer un essentiel sur le mode d'un écart. Son geste est de passer outre, à travers des «phénomènes» qui risquent toujours d'être pris pour la «Chose» même.

Michel de Certeau, «Mystique», *Encyclopædia universalis*, col. 1031-6, 1968

La grandeur de Maître Eckhart

Maître Eckhart représente le point extrême de la mystique spéculative assumée par le christianisme. Ses sermons allemands constituent une magnifique illustration de sa vision. L'expérience mystique est relayée chez lui par une audace métaphysique qui s'appuie sur la tradition des dominicains allemands du XIIIe siècle.

Déité et Néant

L'abîme de la Déité est justement appelé Néant : la Déité, au-delà de Dieu, est rigoureusement inconnaissable, ce qu'exprime la rhétorique du néant.

Platon, le grand clerc, aborde de grandes choses et veut en parler. Il parle d'une pureté qui n'est pas dans le monde; elle n'est pas dans le monde ni hors du monde; elle n'est ni dans le temps ni dans l'éternité; elle n'a ni extérieur ni intérieur. C'est à partir d'elle que Dieu, le Père éternel, diffuse la plénitude et l'abîme de toute sa Déité. Il l'engendre ici dans son Fils unique et pour que nous soyons le même Fils. Et engendrer est pour lui demeurer en lui-même, et demeurer en lui-même est engendrer hors de lui-même. Tout demeure l'Un qui jaillit en lui-même. «Ego», le mot «Je», n'appartient en propre à personne, sinon à Dieu seul dans son unité.

Maître Eckhart,
Sermons,
S. 28, I, p. 234,
Seuil, 1974-1979

Un maître dit : celui qui parle de Dieu par quelque comparaison parle improprement de lui, mais celui qui s'exprime sur Dieu au moyen du néant parle convenablement de lui. Quand l'âme parvient dans l'Un et y pénètre en un total rejet d'elle-même, elle trouve Dieu comme dans un néant.

S. 71, III, p. 78

Détachement

C'est seulement au prix du détachement radical que l'être humain peut espérer s'unir à la Déité.

La ville de Cologne avant la construction de la cathédrale.

Saint Augustin lisant l'épître de saint Paul.

Trois choses sont un obstacle pour l'homme, en sorte qu'il ne peut reconnaître Dieu d'aucune manière. La première est la temporalité; la seconde est la corporalité; la troisième est la multiplicité. Tant que ces trois choses sont en moi, Dieu n'est pas en moi et n'opère pas véritablement en moi. Saint Augustin dit : C'est l'avidité de l'âme qui fait qu'elle veut saisir et posséder beaucoup de choses ; ainsi, elle cherche à s'emparer de la temporalité, de la corporalité et de la multiplicité; par là, elle perd précisément ce qu'elle possède. Car tout le temps qu'il y a en toi plus et plus encore, Dieu ne peut ni habiter, ni opérer en toi. Toutes ces choses doivent sans cesse sortir pour que Dieu entre, à moins que tu ne les possèdes d'une manière plus haute et meilleure, la multiplicité étant en toi devenue l'unité.

S. 11, I, p. 115

L'origine, la pauvreté, la percée

Dans un de ses sermons les plus paradoxaux et les plus critiqués, Eckhart montre que le retour à l'origine suppose une totale pauvreté et aboutit à l'unité, dans une plénitude extatique.

Lorsque j'étais dans ma cause première, je n'avais pas de Dieu et j'étais cause de moi-même ; alors je ne voulais rien, je ne désirais rien, car j'étais un être libre, je me connaissais moi-même, jouissant de la vérité. Je me voulais moi-même et ne voulais rien d'autre ; ce que je voulais, je l'étais et ce que j'étais, je le voulais et là j'étais dépris de Dieu et de toutes choses, mais lorsque, par ma libre volonté, je sortis et reçus mon être créé, j'eus un Dieu, car avant que fussent les créatures, Dieu n'était pas «Dieu», mais il était ce qu'il était. Mais lorsque furent les créatures et qu'elles reçurent leur être créé, Dieu n'était pas «Dieu» en lui-même, il était «Dieu» dans les créatures. [...]

Nous disons donc que l'homme doit être si pauvre qu'il ne soit ni n'ait en lui aucun lieu où Dieu puisse opérer. Tant qu'il réserve un lieu, il garde une distinction. C'est pourquoi je prie Dieu qu'il me libère de «Dieu», car mon être essentiel est au-dessus de «Dieu» en tant que nous saisissons Dieu comme principe des créatures. Dans ce même être de Dieu où Dieu est au-dessus de l'être et au-dessus de la distinction, j'étais moi-même, je me voulais moi-même, je me connaissais moi-même pour faire cet homme [que je suis]. C'est pourquoi je suis cause de moi-même

selon mon être qui est éternel, et non pas selon mon devenir qui est temporel.
S. 52, II, p. 146-8

Nature de l'Union

La possession de Dieu au-delà de la pensée consciente : il s'agit d'une Union essentielle qui se situe au-delà de l'intelligence et du vouloir.

Cette véritable possession de Dieu se situe dans l'esprit, dans l'intention intérieure et spirituelle dirigée vers Dieu, non pas dans une pensée continue et toujours semblable, car ce serait impossible ou très difficile à la nature et ce ne serait pas non plus le mieux. L'homme ne doit pas se contenter d'un Dieu qu'il pense, car lorsque la pensée s'évanouit, Dieu s'évanouit aussi. Bien plutôt, on doit posséder un Dieu dans son essence, loin au-dessus des pensées de l'homme et de toute créature. Ce Dieu ne s'évanouit pas, à moins que l'homme ne se détourne volontairement de lui.

Qui possède ainsi Dieu dans son essence saisit Dieu selon le mode de Dieu, et pour lui Dieu resplendit en toutes choses, car toutes choses ont pour lui le goût de Dieu et il voit son image en toutes choses.

Maître Eckhart, *Les Traités*, Instructions spirituelles, p. 48, Seuil, 1971

Une naissance

L'engendrement du Fils dans l'âme, c'est l'image par excellence, un Noël qui a lieu tous les jours.

J'ai déjà dit souvent aussi qu'il est dans l'âme une puissance qui ne touche ni au temps ni à la chair ; elle flue de l'esprit et demeure dans l'esprit, elle est absolument spirituelle. Dans cette puissance, Dieu verdoie et fleurit absolument dans toute la joie et tout l'honneur qu'il est en lui-même. C'est une telle joie du cœur, une joie si ineffablement grande que personne n'est capable de l'exprimer pleinement. Car le Père éternel engendre sans cesse son Fils éternel dans cette puissance, en sorte que cette puissance coopère à la naissance du Fils du Père et d'elle-même, comme étant le même Fils dans cette même puissance du Père.

S. 2, I, p. 59

Le désert que désire l'étincelle de l'âme

Je dis donc : quand l'homme se détourne de lui-même et de toutes choses créées – autant tu agis ainsi, autant tu es uni et bienheureux en l'étincelle de l'âme qui ne touche jamais le temps ni l'espace. Cette étincelle refuse toutes les créatures et ne veut que Dieu dans sa nudité, tel qu'il est en lui-même. Ne lui suffit ni le Père, ni le Fils, ni l'Esprit saint, ni les trois Personnes dans la mesure où chacune d'elles demeure dans sa particularité.

Je dis en vérité qu'à cette lumière ne suffit pas l'unicité de la nature divine en tant que féconde. Je dirai davantage qui rendra un son plus étrange encore ; je le dis en bonne vérité et en éternelle vérité et en perdurable vérité : à cette même lumière ne suffit même pas l'être divin simple et impassible qui ne donne ni ne reçoit ; elle veut savoir d'où vient cet être ; elle veut pénétrer dans le fond simple, dans le désert silencieux où jamais distinction n'a jeté un regard, ni Père, ni Fils, ni Esprit saint, le plus intime où nul n'est chez soi. C'est là seulement que cette lumière trouve sa satisfaction et là elle est plus intimement qu'elle n'est en elle-même, car le fond est un silence simple et immobile en lui-même.

S. 48, II, p. 114

L'unité finale

Au terme de tout le chemin, l'âme est immuablement, par le plus profond d'elle-même, présente en Dieu.

Il est dans l'âme une chose où Dieu est dans sa nudité, et les maîtres disent que c'est innommé et n'a pas de nom particulier. Cela est et n'a cependant pas d'être propre, car ce n'est ni ceci ni cela, ni ici ni là, car c'est ce que c'est en un autre, et cela en ceci, car ce que c'est, ce l'est en cela, et cela en ceci, car cela flue en ceci, et ceci en cela ; là, dit saint Paul, abandonnez-vous en Dieu, dans la béatitude, car ici, l'âme prend toute sa vie et son être, c'est de là qu'elle aspire sa vie et son être, car ceci est totalement en Dieu et toute autre chose d'elle est à l'extérieur, et c'est pourquoi, par ceci, l'âme est constamment en Dieu, à moins qu'elle ne porte ceci à l'extérieur ou ne s'éteigne en elle.

Un maître dit que ceci est tellement présent à Dieu, qu'il ne peut jamais se détourner de Dieu et que Dieu lui est constamment présent et intérieur. Je dis que Dieu, éternellement et sans cesse, a été présent en ceci et qu'en ceci l'homme est un avec Dieu ; point n'est ici besoin de grâce, car la grâce est créée, et rien de créé n'a affaire ici, car dans le Fond de l'être divin, où les trois Personnes sont un seul être, l'âme est une selon ce Fond. C'est pourquoi, si tu le veux, toutes choses et Dieu sont à toi. C'est-à-dire, détache-toi de toi-même et de toutes choses, et de tout ce que tu es en toi-même, et saisis-toi selon ce que tu es en Dieu.

S. 24, I, p. 206-7

La simplicité du repos

Jeanne Guyon et Fénelon sont représentatifs du courant de l'oraison de repos : elle plutôt du côté d'une passivité comblée, lui plutôt de celui d'une présence volontaire apaisée. Chacun d'entre eux a vu l'un de ses livres frappé d'interdiction pour des raisons qui semblent étranges, d'autant qu'ils conservent un grand intérêt.

Le «Moyen Court» de Madame Guyon

Après le passage portant sur l'appel de tous à l'oraison (cf. chapitre V), l'introduction se poursuit ainsi :

Tous peuvent faire Oraison, et tous la doivent faire. Mais je conviens que tous ne peuvent pas méditer, et très peu y sont propres. Aussi n'est-ce pas cette Oraison que Dieu demande, ni que l'on désire de vous.

Mes très-chers freres, qui que vous soyez qui voulez vous sauver, venez tous faire Oraison ; vous devez vivre d'Oraison comme vous devez vivre d'amour. *Je vous conseille d'acheter de moi de l'or éprouvé au feu, afin de vous enrichir.* Il vous est très-aisé de l'avoir, et plus aisé que vous ne sauriez vous l'imaginer. [...]

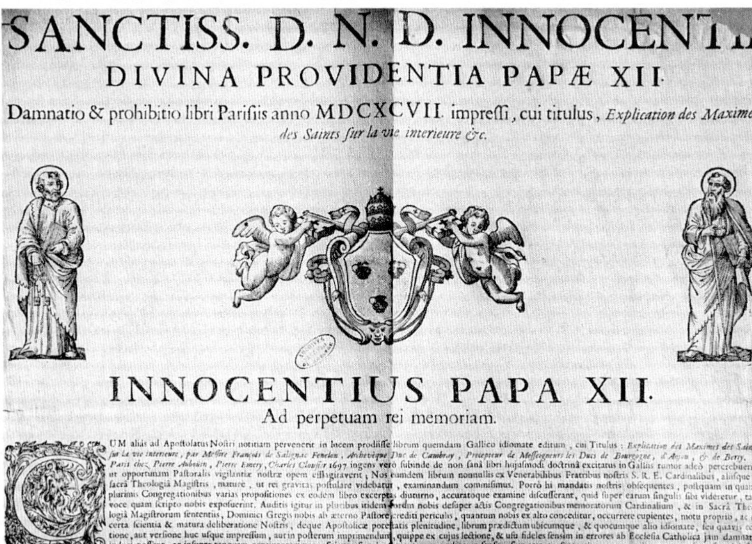
SANCTISS. D. N. D. INNOCENTII
DIVINA PROVIDENTIA PAPÆ XII.
Damnatio & prohibitio libri Parisiis anno MDCXCVII. impressi, cui titulus, *Explication des Maximes des Saints sur la vie interieure &c.*

INNOCENTIUS PAPA XII.
Ad perpetuam rei memoriam.

CUM aliàs ad Apostolatus Nostri notitiam pervenerit in lucem prodiisse librum quemdam Gallico idiomate editum, cui Titulus : *Explication des Maximes des Saints sur la vie interieure, par Messire François de Salignac Fenelon, Archevêque Duc de Cambray, Precepteur de Messeigneurs les Ducs de Bourgogne, d'Anjou, & de Berry. A Paris chez Pierre Aubouin, Pierre Emery, Charles Clousier* 1697 ingens verò subinde de non sanâ libri hujusmodi doctrinâ excitatus in Galliis rumor adeò percrebuerit, ut opportunam Pastoralis vigilantiæ nostræ opem efflagitaverit ; Nos eumdem librum nonnullis ex Venerabilibus Fratribus nostris S. R. E. Cardinalibus, aliisque in sacrâ Theologiâ Magistris, maturè, ut rei gravitas postulare videbatur, examinandum commisimus. Porrò hi mandatis nostris obsequentes, postquam in quam plurimis Congregationibus varias propositiones ex eodem libro excerptas diuturno, accuratoque examine discusserant, quid super earum singulis sibi videretur, tam voce quam scripto nobis exposuerint. Auditis igitur in pluribus itidem coràm nobis desuper actis Congregationibus memoratorum Cardinalium, & in Sacrâ Theologiâ Magistrorum sententiis, Dominici Gregis nobis ab æterno Pastore crediti periculis, quantum nobis ex alto conceditur, occurrere cupientes, motu proprio, ac ex certa scientia & matura deliberatione Nostris, deque Apostolicæ potestatis plenitudine, librum prædictum ubicumque, & quocumque alio idiomate, seu quavis editione, aut versione huc usque impressum, aut in posterum imprimendum, quippe ex cujus lectione, & usu fideles sensim in errores ab Ecclesia Catholica jam damnatos induci possent, ac insuper tanquam continentem propositiones sive in obvio earum verborum sensu, sive attenta sententiarum connexione temerarias, scandalosas, malè sonantes, piarum aurium [...]

Condamnation par le pape Innocent XII de l'ouvrage de Fénelon *Explications des Maximes des saints*, le 12 mars 1699.

Tous ceux qui veulent faire Oraison, le peuvent aisément avec le secours de la grace ordinaire et des dons du S. Esprit, qui sont communs à tous les Chrétiens.

L'Oraison est la clef de la perfection, et du bonheur souverain, c'est le moyen efficace de nous défaire de tous les vices, et d'acquérir toutes les vertus ; car le grand moyen de devenir parfait est de marcher en la présence de Dieu. Il nous le dit lui-même : *Marchez en ma présence, soyez parfaits*. L'Oraison peut seule vous donner cette présence, et vous la donner continuellement.

Il faut donc vous apprendre à faire une Oraison qui se puisse faire *en tout tems*; qui ne détourne point des occupations extérieures ; [...] Oui, vous qui êtes si grossiers, qui croyez n'être propres à rien, vous pouvez vivre d'Oraison et de Dieu même aussi aisément et aussi continuellement que vous vivez de l'air que vous respirez. Ne serez-vous donc pas bien criminels si vous ne le faites pas ? Vous le serez sans doute lorsque vous en aurez appris le chemin, qui est le plus aisé du monde.

La première étape est celle d'une oraison qui suit une lecture ou une méditation ; elle est déjà expérience de paix.

Après s'être mis en la présence de Dieu par un acte de foi vive, il faut lire quelque chose de substantiel, et s'arrêter doucement là dessus, non avec raisonnement, mais seulement pour fixer l'esprit, observant que l'exercice principal doit être la présence de Dieu, et que le sujet doit être plutôt pour fixer l'esprit, que pour l'exercer au raisonnement.

Cela supposé, je dis, qu'il faut que *la Foi vive de Dieu présent dans le fond de nos cœurs*, nous porte à nous enfoncer fortement en nous-mêmes, recueillant tous les sens au-dedans, empêchant qu'ils ne se répandent au-déhors : ce qui est un grand moyen dès l'abord, de se défaire de quantité de distractions, et de s'éloigner des objets du déhors, pour s'approcher de Dieu, qui ne peut être trouvé que dans le fond de nous-mêmes, et dans notre centre, qui est le *Sancta-Sanctorum* où il habite. [...]

Lors donc que l'on est ainsi enfoncé en soi-même, et vivement pénétré de la présence de Dieu dans ce fond, lorsque les sens sont tous ramassés et retirés de la circonférence au centre ; ce qui donne un peu de peine au commencement, mais qui est très-aisé dans la fuite, ainsi que je dirai ; lors, dis-je, que l'âme est de cette force ramassée en elle-même, et qu'elle s'occupe doucement et suavement de sa vérité lue, non en raisonnant beaucoup dessus, mais en la savourant, et en excitant la volonté par l'affection plutôt que d'appliquer l'entendement par la considération : l'*affection* étant ainsi *émue*, il faut la laisser *reposer doucement* et en paix, *avalant* ce qu'elle a goûté (ch. 2).

Et voici la seconde, celle du repos proprement dit, qui pour certains est le terme, pour d'autres encore une étape vers l'Union.

Le second dégré est appellé par quelques-uns *Contemplation, Oraison de foi, et de repos*, et d'autres lui donnent le nom d'*Oraison de Simplicité*, et c'est de ce dernier terme dont il se faut servir ici, étant plus propre que celui de *Contemplation*, qui signifie une oraison plus avancée que celle dont je parle.

Lors donc que l'ame s'est exercée, comme il a été dit, durant quelque tems, elle sent que peu à peu la facilité de s'appliquer à Dieu lui est donnée ; elle commence a se recueillir plus aisément : l'Oraison lui devient aisée, douce et agréable; elle connoit que c'est le chemin pour trouver Dieu : elle sent l'odeur de ses parfums. Alors il faut qu'elle change de méthode, et qu'elle fasse avec fidélité et courage ce que je vais dire, sans s'étonner de tout ce qu'on lui pourroit alléguer.

Premièrement, sitôt qu'elle se met en la présence de Dieu avec soi, et qu'elle se recueille, qu'elle demeure un peu de cette force dans un silence respectueux.

Que si dès le commencement, en faisant son acte de Foi, elle se sent un petit gout de la présence de Dieu, qu'elle en demeure là, sans se mettre en peine d'aucun sujet, ni de passer outre; et qu'elle garde ce qui lui est donné tant qu'il dure.

S'il s'en va, qu'elle excite sa volonté par quelque affection tendre; et si dès la premiere affection elle se trouve remise dans sa douce paix, qu'elle y demeure. Il faut souffler doucement le feu; et sitôt qu'il est allumé, cesser de le souffler; car qui voudrait encore souffler, l'éteindrait.

Je demande sur-tout que l'on ne finisse jamais l'Oraison, sans que l'on demeure quelque tems sur la fin dans un silence respectueux. [...] Allez donc à l'Oraison, non pour vouloir Jouir de Dieu; mais pour y être comme il veut : cela fera que vous serez égal dans les sécheresses comme dans l'abondance; et que vous ne vous étonnerez point des rebuts de Dieu ni des sécheresses (ch. 4).

En réponse à l'accusation de passivité, Jeanne Guyon manifeste la véritable activité supérieure de l'âme.

Quelques personnes entendant parler de l'Oraison de silence, se sont faussement persuadées, *que l'ame y demeure stupide, morte, et sans action*. Mais il est certain qu'elle y agit plus noblement, et avec plus d'étendue, qu'elle ne fit jamais jusques à ce degré; puis qu'elle est mue de Dieu même, et qu'elle agit par son

Madame Guyon balayant dans une église de Savoie.

Esprit. S. Paul veut que nous nous laissions *mouvoir par l'Esprit de Dieu.*

On ne dit pas qu'il ne faut point agir; mais qu'il faut agir par dépendance du mouvement de la grace.

Cette *action* de l'âme, est une action pleine de repos. Lorsqu'elle agit par elle-même, elle agit avec effort; c'est pourquoi elle distingue mieux alors son action. Mais lors qu'elle agit par dépendance de l'esprit de la grace, son action est si libre, si aisée, si naturelle, qu'il semble qu'elle n'agisse pas.

C'est donc une action, mais une action si *noble*, si *paisible*, si tranquille qu'il semble à l'ame qu'elle n'agit pas; parce qu'elle agit comme naturellement (Ch. 21).

Jeanne Guyon,
Le Moyen Court et autres écrits spirituels,
Edition Marie-Louise Gondal,
Grenoble, Jérôme Millon, 1995

L'«Explication des maximes des saints» de Fénelon

Voici le début de l'avertissement de Fénelon :

Je me propose dans cet ouvrage d'expliquer les expériences et les expressions des saints, pour empêcher qu'ils ne soient exposés à la dérision des impies. En même temps je veux éclaircir aux mystiques le véritable sens de ces saints auteurs, afin qu'ils connaissent la juste valeur de leurs expressions. [...]

Toutes les voies intérieures tendent à l'amour pur ou désintéressé. Cet amour pur est le plus haut degré de la perfection chrétienne. Il est le terme de toutes les voies que les saints ont

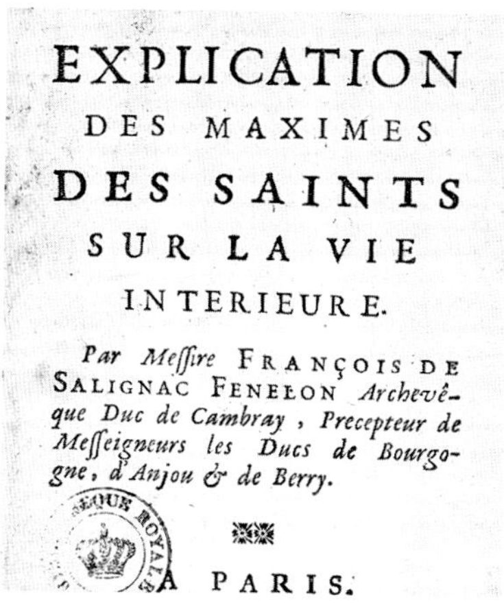

EXPLICATION
DES MAXIMES
DES SAINTS
SUR LA VIE
INTERIEURE.

Par Messire FRANÇOIS DE SALIGNAC FENELON *Archevêque Duc de Cambray, Precepteur de Messeigneurs les Ducs de Bourgogne, d'Anjou & de Berry.*

A PARIS.

connues. Quiconque n'admet rien au-delà est dans les bornes de la tradition. Quiconque passe cette borne est déjà égaré. Si quelqu'un doute de la vérité et de la perfection de cet amour, j'offre de lui en montrer une tradition universelle et évidente depuis les apôtres jusques à saint François de Sales sans aucune interruption, et je donnerai là-dessus au public quand on le désirera un recueil de tous les passages des Pères, des docteurs de l'Ecole et des saints mystiques qui parlent unanimement. On verra dans ce recueil que les anciens Pères ont parlé aussi fortement que saint François de Sales et qu'ils ont fait pour le désintéressement de l'amour les mêmes suppositions sur le salut, dont les critiques dédaigneux se moquent tant quand ils les trouvent dans les saints des derniers siècles.

Il y a deux premières sortes de «justes» dont l'amour est mêlé de crainte ou d'espérance pour eux-mêmes : les troisièmes atteignent au «pur amour».

Celui qui aime du pur amour sans aucun mélange d'intérêt propre n'est plus excité par le motif de son intérêt. Il ne veut la béatitude pour soi qu'à cause qu'il sait que Dieu la veut, et qu'il veut que chacun de nous la veuille pour sa gloire. Si, par un cas qui est impossible à cause des promesses purement gratuites, Dieu voulait anéantir les âmes des justes au moment de leur mort corporelle, ou bien les priver de sa vue et les tenir éternellement dans les tentations et les misères de cette vie, comme saint Augustin le suppose, ou bien leur faire souffrir loin de lui toutes les peines de l'Enfer pendant toute l'éternité, comme saint Chrysostome le suppose après saint Clément, les âmes qui sont dans ce troisième état du pur amour ne l'aimeraient ni ne le serviraient pas avec moins de fidélité (Art. 2).

De l'amour pur découlent l'indifférence universelle et, dans l'épreuve, l'abandon.

L'âme indifférente ne veut plus rien pour soi par le motif de son propre intérêt : elle n'a plus de désirs intéressés à soumettre, parce qu'elle n'a plus aucun désir intéressé. Il est vrai qu'il lui reste encore des inclinations et des répugnances involontaires, qu'elle soumet; mais elle n'a plus de désirs volontaires et délibérés pour son intérêt, excepté dans les occasions où elle ne coopère pas fidèlement à toute sa grâce. Cette âme indifférente, quand elle remplit sa grâce, ne veut plus rien que pour Dieu seul, et que comme Dieu le lui fait vouloir par son attrait.

Elle aime, il est vrai, plusieurs choses hors de Dieu, mais elle ne les aime que pour le seul amour de Dieu et de l'amour de Dieu même; car c'est Dieu qu'elle aime dans tout ce qu'il lui fait aimer. La sainte indifférence n'est que le désintéressement de l'amour (Art. 5).

La sainte indifférence, qui n'est jamais que le désintéressement de l'amour, devient dans les plus extrêmes épreuves ce que les saints mystiques ont nommé abandon; c'est-à-dire que l'âme désintéressée s'abandonne totalement et sans réserve à Dieu pour tout ce qui regarde son intérêt propre; mais elle ne renonce jamais ni à l'amour, ni à aucune des choses qui intéressent la gloire et le bon plaisir du bien-aimé. Cet abandon n'est que l'abnégation ou renoncement de soi-même que Jésus-Christ nous demande dans l'Evangile après que nous aurons tout quitté au-dehors. Cette abnégation de nous-mêmes n'est que pour l'intérêt propre, et ne doit jamais empêcher l'amour désintéressé que nous nous devons à nous-mêmes comme au prochain pour l'amour de Dieu. Les épreuves extrêmes où cet abandon doit être exercé sont les tentations par lesquelles Dieu jaloux veut purifier l'amour en ne lui faisant voir aucune ressource ni aucune espérance pour son intérêt propre même éternel (Art. 8).

On en arrive ensuite à la description de la méditation et de la «contemplation». Celle-ci vaut pour le «repos» et pour les états supérieurs.

Il faut distinguer la méditation de la contemplation. La méditation consiste dans des actes discursifs qui sont faciles à distinguer les uns des autres, parce qu'ils sont excités par une espèce de secousse marquée, parce qu'ils sont variés par la diversité des objets auxquels ils s'appliquent, parce qu'ils tirent une conviction sur une vérité de la conviction d'une autre vérité déjà connue, parce qu'ils tirent une affection de plusieurs motifs méthodiquement rassemblés. Enfin parce qu'ils sont faits et réitérés avec une réflexion qui laisse après elle des traces distinctes dans le cerveau. [...] La contemplation est, selon les théologiens les plus célèbres et selon les saints contemplatifs les plus expérimentés, l'exercice de l'amour parfait. Elle consiste dans des actes si simples, si directs, si paisibles, si uniformes, qu'ils n'ont rien de marqué par où l'âme puisse les distinguer. C'est l'oraison parfaite de laquelle parlait saint Antoine, et qui n'est pas aperçue par le solitaire même qui la fait (Art. 21).

Quand faut-il s'y livrer, et jusqu'où va-t-elle? C'est une question que se posait déjà Jean de la Croix.

Une âme peut quitter la méditation discursive et entrer dans la contemplation lorsqu'elle a les trois marques suivantes : 1° qu'elle ne tire plus de la méditation la nourriture intérieure qu'elle en tirait auparavant, et qu'au contraire elle n'y fait plus que se distraire, se dessécher, et languir contre son attrait, 2° qu'elle ne trouve de facilité, d'occupation et de nourriture intérieure que dans une simple présence de Dieu purement amoureuse, qui la renouvelle pour toutes les vertus de son état, 3° qu'elle n'a ni goût ni pente que pour le recueillement; en sorte que son directeur qui l'éprouve la trouve humble, sincère, docile, détachée du monde entier et d'elle-même. Une âme peut, par obéissance avec ces trois marques de vocation, entrer dans l'oraison contemplative sans tenter Dieu (Art. 22).

Cet état «passif» pose le redoutable problème de l'absence d'actes, donnant matière à l'accusation de «quiétisme». Voici un des éléments de la mise au point de Fénelon.

L'état passif dont tous les saints mystiques ont tant parlé, n'est passif que comme la contemplation est passive, c'est-à-dire qu'il exclut non les actes paisibles et désintéressés, mais seulement l'activité, ou les actes inquiets et empressés pour notre intérêt propre. L'état passif est celui où une âme n'aimant plus Dieu d'un amour mélangé fait tous ses actes délibérés d'une volonté pleine et efficace, mais tranquille et désintéressée. Tantôt elle fait les actes simples et indistincts qu'on nomme quiétude ou contemplation, tantôt elle fait les actes distincts des vertus convenables à son état. Mais elle fait les uns et les autres d'une manière également passive, c'est-à-dire paisible et désintéressée. Cet état est habituel, mais il n'est pas entièrement invariable (Art. 30).

Une belle description est d'un ton plus clair que celui de l'ensemble du livre :

Il y a dans l'état passif une liberté des enfants de Dieu qui n'a aucun rapport au libertinage effréné des enfants du siècle. Ces âme simples ne sont plus gênées par les scrupules des âmes qui craignent et qui espèrent pour leur intérêt propre. L'amour pur leur donne une familiarité respectueuse avec Dieu, comme une épouse en a avec son époux. Elles ont une paix et une joie pleine d'innocence. Elles prennent avec simplicité et sans hésitation les soulagements d'esprit et de corps qui leur sont véritablement nécessaires, comme elles les conseilleraient à leur prochain (Art. 32).

Fénelon, *Œuvres*,
t. I, édition Jacques Le Brun,
«La Pléiade», Gallimard, 1983

Mystiques parallèles

L'étude de la mystique occidentale depuis le Moyen Age laisse quelques questions en suspens. La mystique de l'Eglise d'Orient cesse-t-elle à Byzance au XIVe siècle? En Occident même, n'y a-t-il aucun courant mystique sauf le protestantisme? Peut-on, au même sens que pour les chrétiens, parler de mystique dans les monothéismes musulman et juif?

La mystique en Russie

La prière du cœur est demeurée vivante dans l'orthodoxie. Elle a porté des fruits, en particulier en Russie, depuis le XIVe siècle, mais surtout à partir de la traduction, en 1793, de La Philocalie des saints nèptiques, *recueil des textes de cette tradition de prière qui avait paru à Venise en 1782.*

Les récits du pèlerin

Il y a un lien étroit, en Russie, entre prière du cœur et «pèlerinage», forme originale de sainteté.

La sainteté en Russie a pris des formes originales : les «saints princes», les «fous en Christ», les *startsi* (pères spirituels, comme au monastère d'Optino, de tradition hésychaste) et surtout les «pèlerins», marchant pour un temps ou à vie. Une ancienne tradition russe d'errance a pris la forme à partir du XVIIe siècle d'une ascèse de la marche, d'un nomadisme spirituel de monastère en sanctuaire, à travers les grands espaces du pays. On en attend un dépouillement, une liberté, une disponibilité au service qui ne sont pas sans analogie avec l'esprit franciscain. On pratique la «prière de Jésus». En 1870, parurent quatre *Récits du pèlerin russe*, très savoureux, promis à un immense succès. Il s'agit soi-disant de l'œuvre d'un paysan, mais le livre eut sans doute plusieurs sources, et le tout a été repris et rédigé à Optiko. Un second recueil plus didactique fut publié en 1911.

Le narrateur est un homme pauvre qui a été saisi par le «priez sans cesse» et voudrait le comprendre. Il lit la Bible, cherche un staretz, connaît beaucoup de déceptions jusqu'à ce qu'on lui transmette la «prière de Jésus» avec sa répétition ininterrompue, la *Philocalie* et un rosaire de laine. Peu à peu, il parvient à la prière continuelle. Sur la route, des rencontres et des aventures multiples et pittoresques lui sont offertes. Grâce à la *Philocalie* – clé de l'Ecriture, comme la prière de Jésus est le résumé de l'Evangile –, il s'adonne à la prière du cœur : «La prière passait elle-même dans mon cœur, c'est-à-dire que celui-ci, en battant régulièrement, se mettait en profondeur à réciter lui-même les paroles saintes sur chaque battement. [...] En regardant par mon esprit dans mon cœur, j'inspirais l'air et le gardais dans ma poitrine en disant «Seigneur Jésus Christ» et je l'expirais en disant : «aie pitié de moi». [...] Il convient alors d'exclure de l'esprit toute pensée, même la plus haute et la plus belle pour parvenir à la prière absolue et pure. [...]

Je remarquai que les effets de la prière du cœur apparaissent sous trois formes : dans l'esprit, dans les sens et dans l'intelligence. Dans l'esprit, par exemple, la douceur de l'amour de Dieu, le calme intérieur, le ravissement de l'esprit, la pureté des pensées, la splendeur de l'idée de Dieu; dans les sens, l'agréable chaleur du cœur, la plénitude de douceur dans les membres, le bouillonnement de la joie dans le cœur, la légèreté, la vigueur de la vie, l'insensibilité aux maladies ou aux peines; dans l'intelligence, l'illumination de la raison, la compréhension de l'Ecriture sainte, la connaissance du langage de la création, le détachement des vains soucis, la conscience de la douceur de la vie intérieure, la certitude de la proximité de Dieu et de son amour pour nous. [...]

Le bonheur n'illuminait pas seulement l'intérieur de mon âme : le monde extérieur aussi m'apparaissait sous un aspect ravissant, tout m'appelait à aimer et à louer Dieu; les hommes, les arbres, les plantes, les êtres : tout m'était comme familier et partout je trouvais l'image du nom de Jésus Christ. Parfois je me sentais si léger que je croyais n'avoir plus de corps et flotter doucement dans l'air ; parfois je rentrais entièrement en moi-même.»

Récits du pèlerin russe,
Baconnière-Seuil, nouvelle édition, 1978

Séraphim de Sarov

Un autre fervent de la prière du cœur fut l'illustre staretz Séraphim de Sarov (1759-1833), qui apparut un jour transfiguré et lumineux à l'un de ses visiteurs. Voici un extrait de leur dialogue :

– Je ne comprends pas, tout de même, comment on peut avoir la certitude d'être dans l'Esprit de Dieu. Comment pourrais-je reconnaître en moi-même, de façon sûre, sa manifestation ?

– Je vous ai déjà dit que c'est bien simple. Mon ami, nous sommes tous les deux en ce moment dans l'Esprit de Dieu. Pourquoi ne voulez-vous pas me regarder ?

– Je ne peux pas vous regarder, mon père, vos yeux projettent des éclairs ; votre visage est devenu plus éblouissant que le soleil et j'ai mal aux yeux en vous regardant.

– Ne craignez rien, dit-il. En ce moment vous êtes devenu aussi clair que moi. Vous êtes aussi à présent dans la plénitude de l'Esprit de Dieu ; autrement vous ne pourriez pas me voir tel que vous me voyez. […]

Encouragé par ces paroles, je regardai et fus saisi d'une frayeur religieuse. Imaginez au milieu de soleil, dans l'éclat de ses rayons éblouissants de midi, la face de l'homme qui vous parle. Vous voyez le mouvement de ses lèvres, l'expression changeante de ses yeux, vous entendez sa voix, vous sentez ses mains qui vous tiennent par les épaules, mais vous ne voyez ni ces mains, ni le corps de votre interlocuteur, rien que la lumière resplendissante qui se propage au loin, éclairant par son éclat le pré couvert de neige et les flocons blancs qui ne cessent de tomber.

Séraphim de Sarov,
«Entretiens avec Motovilov»
in *Vie, Entretiens, Instructions*,
par Irina Garinoff,
Desclée de Brouwer, 1979

Protestantisme et mystique

La «mystique» n'étant pas biblique, la Réforme ne sera pas mystique. Mais la réalité est plus complexe. Surtout, la réforme est indéfinie et la réforme de la Réforme sera souvent mystique, au sens large ou même au sens précis. Luther témoigne d'une intense expérience religieuse, qui ne fait qu'un avec son message réformateur. D'un autre côté, il se dit opposé à la «mystique».

Des origines complexes : Luther et Calvin, affinités et réserves

Luther se réclame de saint Bernard, de Tauler, de la Théologie germanique, *un recueil eckhartien de la fin du XIVe siècle, plus centré sur le Christ que les œuvres du maître de Cologne, que Luther fit imprimer en 1518. Il doit à la lignée du Pseudo-Denys une insistance sur le Dieu «caché» – mais qui est aussi, à ses yeux, «révélé» – et l'idée d'une obscurité radicale vécue par le Christ sur la croix, que d'autres pousseront jusqu'à y voir une expérience de l'enfer. Toutefois, la «mystique» est pour lui une affaire de moines ; elle présuppose un effort ascétique, donc une «œuvre» opposée à la «foi seule»; elle se situe dans la logique d'une «sanctification» intime contrastant avec la «justification» qui reste toujours extérieure, voire d'une «glorification» allant contre la «théologie de la croix»; elle s'oriente vers une «fusion» avec Dieu obscurcissant l'aspect personnel et relationnelle de la foi.*

L'orthodoxie luthérienne des XVIe-XVIIe siècles va insister davantage sur la sanctification, et certains réintroduiront l'idée d'une «union mystique au Christ», en un sens plutôt large : celui d'une vie spirituelle intense. On peut nommer Jean Arndt (1555-1621), Paul Gerhard (1582-1637) et les musiciens comme Schutz et Bach, qui utilisera beaucoup de cantiques de Gerhard.

L'idée d'une unio mystica *venait de Calvin, qui distinguait plus fermement que Luther «justification» (salut) et «sanctification», et valorisait davantage cette dernière. Un réformé ultérieur, Gerhard Tersteegen (1697-1769), sera un vrai maître de vie contemplative. Voici deux brefs textes de Calvin :*

J'élève en degré souverain la conjonction que nous avons avec notre chef, la demeure qu'il fait en nos cœurs par la foi, l'union sacrée [le terme *unio mystica* se trouve dans le texte latin de 1559] par laquelle nous jouissons de lui à ce qu'étant nôtre, il nous départisse les biens auxquels il abonde en perfection. Je ne dis pas donc que nous devons considérer Jésus-Christ de loin de nous, afin que sa justice nous soit allouée, mais parce que nous sommes vêtus de lui et entés en son corps, bref parce qu'il a bien daigné nous faire un avec soi.

Calvin, *Institution* III, 19, 10, 1560

Entez [sur l'image de la greffe : entez signifie greffez]. Ce mot est de grand poids. […] Il ne signifie pas seulement conformité d'exemple mais emporte une conjonction secrète, par laquelle nous sommes tellement unis à luy [le Christ], que nous donnant vie par son Esprit il fait passer et comme descouler sa vertu en nous. […] En cest entement spirituel non seulement nous tirons de Christ vigueur, et comme une moelle de vie, mais nous passons de nostre nature en la sienne.

Calvin, *Commentaire de l'épître aux Romains* VI, 5

Des courants mystiques

Courant proprement mystique dans les Eglises issues de la Réforme : la Réforme radicale.

Dès les origines de la Réforme se manifestent des tenants de son aile radicale, affirmant que Luther l'a trahie. On peut les classer en Anabaptistes, Spiritualistes et Rationalistes évangéliques, chacune de ces catégories étant elle-même largement subdivisée. Chez les seconds, si on laisse de côté la variété prophétique et révolutionnaire, on trouve toujours la conviction d'une sanctification intérieure, celle d'une présence divine immanente et d'une intériorisation des sacrements, celle d'une relativisation de la loi morale et des différences institutionnelles entre les Eglises. Parmi eux, Caspar Schwenckfeld (1490-1561), Sébastien Frank (1499-1542) et Valentin Weigel (1533-1588).

Chez Schwenckfeld :

La vraie foi, la foi vivante, n'est pas une simple croyance, assentiment intellectuel aux dogmes et vérités données et enseignées, ce n'est même pas la confiance en Dieu, c'est plus que cela, c'est une participation directe et immédiate de l'homme régénéré à Dieu; c'est une goutte du divin qui arrose l'âme, qui la transforme, l'embrase et l'illumine. Elle naît dans l'âme sous l'influence de la «parole de Dieu», mais cette «parole n'est point la lettre de l'Ecriture, ni le sermon prêché et «venant du dehors». […]

Il semble bien que Schwenckfeld s'embrouille un peu, peut-être sous l'influence de Karlstadt, collant du mysticisme assez traditionnel, du mysticisme de la *Théologie germanique*, sur de très vieilles notions gnostiques.

Alexandre Koyré,
Mystiques, spirituels, alchimistes au XVIe siècle allemand,
Gallimard, 1971

[Comme Schwenckfeld et Frank, Weigel]affirme l'action directe et immédiate de Dieu sur l'âme. Comme eux, il identifie le Christ avec le Logos intérieur. Le Christ intérieur, lumière qui illumine, purifie réellement et qui sanctifie l'âme, leur apparaît en même temps comme naissant dans l'âme et comme inné à elle comme la loi divine inscrite par Dieu dans le cœur des hommes, comme plus proche à l'âme que l'âme elle-même. […]

C'est que pour lui le point de départ n'est plus, comme pour Franck, la vie morale, mais la vie religieuse; et celle-ci n'a de valeur que lorsqu'elle implique un abandon de soi-même, la «mort spirituelle» la *Gelassenheit*. Ce n'est pas l'homme qui agit dans l'âme régénérée, c'est Dieu. L'action morale, en tant qu'elle affirme et pose l'indépendance de l'homme, l'éloigne de Dieu au lieu de l'en rapprocher. Entre l'action morale et la vie religieuse il y a toute la distance entre l'attitude servile de l'homme naturel et l'habitude filiale de l'homme régénéré. Le serf espère une récompense pour les actes qu'il a ou croit avoir accomplis lui-même. L'homme régénéré ne s'attribue rien, il n'a pas de mérites; il n'aspire point à une récompense; il ne cherche même pas son propre salut; il s'abandonne à Dieu, il se perd lui-même en son amour pour Dieu pour se retrouver en Dieu. Mais, s'il se retrouve en se perdant, il aspire toutefois à se perdre, non à se retrouver. […]

Dans cette doctrine, il y a peu d'éléments que l'on n'eût pu reconnaître facilement comme provenant de la tradition mystique. Mais V. Weigel a adapté cette tradition aux données et aux questions nouvelles que la Réforme et la théologie de l'orthodoxie luthérienne posaient à la conscience d'un disciple de Tauler et de la *Théologie germanique*.

Ibid.

Boehme

Jacob Boehme est l'héritier à la fois de la «mystique allemande» et de la kabbale. Né dans un milieu luthérien, mystique spéculatif au sens précis du terme, le «cordonnier» Jacob Boehme (1575-1624) est-il encore chrétien? L' aspect gnostique de son œuvre est en tout cas important, et il sera le prophète de tout l'ésotérisme ultérieur.

La porte s'est ouverte devant moi de sorte que j'ai pu voir et apprendre en un quart d'heure plus que si j'avais fréquenté l'Université pendant de nombreuses années. Cela m'a grandement étonné, je ne savais comment cela avait pu se réaliser et mon cœur se mit à louer Dieu.

Car j'ai vu et j'ai connu l'essence de tous les êtres, le fondement et le néant. Et aussi la naissance de la Sainte Trinité et l'origine et l'état premier de ce monde et de toutes les créatures dans la Sagesse divine. J'ai connu et j'ai vu en moi-même les trois mondes : le monde divin, angélique ou paradisiaque, le monde des ténèbres, fondement de la nature ignée, et ce monde extérieur et visible comme créature engendrée ou exprimée par les deux mondes spirituels intérieurs. J'ai vu et j'ai connu toute l'essence, dans le mal et dans le bien, comment l'un est fondé sur l'autre et en provient, comme la mère d'une accouchée. Non seulement, j'en ai été émerveillé, mais encore rempli de joie.

Epistolae Theosophicae XII

Ô Amour très sublime ! Puisque tu t'es manifesté en moi, demeure en moi et embrasse-moi en toi. Tiens-moi attaché en toi, que je ne m'éloigne plus de toi ; rassasie ma faim de ton amour ; nourris mon âme de ton essence céleste, et l'abreuve de ton sang ; abreuve-la de ta source vive.

De paenitentia,
Extraits tirés de *Confessions*
de Jacob Boehme, Fayard, 1973

Les calvinistes mystiques

Aux XVIIe-XVIIIe siècles, un courant mystique protestant influencé par les «quiétistes» va se développer.

Dans un livre discutable et stimulant Leszek Kolakowski insiste sur le caractère dissolvant de la subjectivité mystique sur les institutions. Ce caractère, plus ou moins bien surmonté dans le catholicisme, aboutit chez les protestants à l'éclatement et à la prolifération de groupuscules ou d'individualités isolées. Vers la fin de son ouvrage, il étudie quelques figures de ce type qui ont eu une postérité dans la mystique occultiste de la fin du XVIIIe siècle. Antoinette Bourignon (1616-1719) est une prophétesse lilloise qui prit connaissance de la pensée de Boehme et quitta l'Eglise catholique.

Dans mes prières, il me sembloit n'y avoir plus rien entre Dieu et mon ame. Elle se sentoit toute absorbée en luy. Je ne vivois plus ; mais lui vivoit en moy. Les consolations intérieures passoient souvent jusques au corps, qui perdoit tout sentiment à mesure qu'il oublioit les choses de la terre. Mon esprit s'évanoüissoit. Je me délectois sensiblement dans ces douceurs ; où je passois quelques heures sans rien sentir, ny sçavoir si j'estois au monde ou en Paradis.

Antoinette Bourignon,
La Vie intérieure, Œuvres, vol. I

Le pasteur Pierre Poiret (1646-1719) publia les révélations d'Antoinette – ainsi que les œuvres de Madame Guyon – avant de constituer son propre système fondé sur ses vues et sur toute la tradition mystique. Autre pasteur, Jean de Labadie (1610-1674), ancien jésuite fondateur d'une communauté illuminée par l'Esprit, entra en conflit à Amsterdam avec la prophétesse : qui allait créer la seule véritable Eglise dans un monde condamné?

La Solitude chrestienne *est un ouvrage écrit par Labadie avant sa conversion au calvinisme. Lu après coup, il semble contenir toutes ses idées à venir, à cela près que la doctrine de la double prédestination (au Ciel ou à l'enfer), le «chiliasme» (attente d'un règne sur terre des élus, imminente) et une horreur de la raison (qu'il partage avec Poiret) vont durcir beaucoup les intuitions antérieures. Kolakowski résume ainsi la doctrine mystique de ce livre :*

Le christianisme est la même chose que «l'état de Grâce» et l'Eglise de Dieu se compose des élus de la terre et des élus des cieux ; ils n'appartiennent pas au «monde» et, par conséquent à ce royaume dont Satan est prince, dont il est dit que Jésus ne prie pas pour lui, et qui s'est insinué jusque parmi les chrétiens, les a transformés en païens, a même soumis à son pouvoir les autels, et totalement corrompu toute leur vie. Le véritable chrétien doit donc se séparer totalement du monde et des hommes, et enfin conformément aux recommandations traditionnelles de la mystique, se séparer aussi de soi : il doit se libérer du «vieil homme», se débarrasser de son «moi» afin de s'unir à Dieu – et d'obtenir de participer à sa nature et à ses attributs, à sa sainteté et à sa perfection. Après avoir franchi les trois étapes de la voie mystique – «prugative, illuminative et unitive» – l'âme adorée et transformée en Dieu parvient au véritable paradis terrestre où elle cesse entièrement de vivre par elle-même; elle revêt une forme divine au lieu de sa forme terrestre, à la semblance de l'union hypostatique du Christ. Les véritables solitaires chrétiens – et Labadie se prétend tel dans la préface de l'ouvrage – parviennent à la déification, apprennent de l'onction de Dieu toutes les vérités; cet état présuppose des grâces surnaturelles, un vrai appel, des dispositions exceptionnelles, un esprit supérieur.

L. Kolakowski,
Chrétiens sans Eglise, Gallimard, 1969

L'influence de Labadie et de Poiret, comme celle d'Arndt, de Gerhard et de Teerstegen, fut grande sur le piétisme. *Il s'agit d'un courant assez diffus et divers, né en réaction contre l'orthodoxie luthérienne dans la deuxième moitié du XVIe siècle et la première du XVIIIe. On connaît les noms de P. J. Spener (1635-1705), de G. Arnold (1666-1714), de Zinzendorf (1700-1760). L'accent porte ici sur la conversion effective, l'expérience spirituelle incluant une réponse effective. Il y a aussi un certain héritage de la mystique médiévale et de la Réforme radicale, comme en témoigne l'œuvre du poète Angelus Silesius (Johannes Scheffler, 1624-1677). Les distiques des livres I et II du* Pèlerin chérubinique *condensent tout l'apport rhéno-flamand.*

Une réticence générale

Ces exemples ne doivent pas faire méconnaître un refus assez général chez les Réformés à l'encontre de la mystique. Le théologien André Dumas l'explique :

Le mot mystique n'est pas biblique. Il y a *prophète* et *apôtre*. Il y a aussi *mystère*. Les mystères sont les secrets de Dieu tels qu'il les porte à la connaissance de ses bien-aimés dans les derniers temps.

Il me semble – en forçant un peu le trait – que la mystique est en concurrence avec les témoins des mystères de Dieu, que les mystiques veulent avoir un rapport direct avec Dieu en dehors de ces mystères trop circonstanciés, trop dogmatiques ou historiques.

On trouve des mystiques dans toutes les religions, mais je crois qu'on peut être mystique sans du tout croire en Dieu : c'est une attitude par laquelle on parvient, dans la profondeur de son être, à rencontrer l'essentiel de la vie; c'est le chemin vers la source intérieure. Ceci me semble beaucoup plus proche de Plotin et du néoplatonisme que de la Bible, où la source intérieure est quand même toujours «à l'écoute».

J'emploierais plutôt le mot *croyant* car le croyant croit à la parole qui vient d'un autre, à quelque chose qui lui est donné. Il me semble qu'il y a deux orientations dans la mystique. Dans l'une, je me fonds avec Dieu – dans le néoplatonisme, il faut revenir à l'un dont nous sommes émanés –, dans l'autre j'arrive à un total dénuement. Je me méfie du dénuement : quelqu'un qui reçoit un don n'est pas dans le dénuement, il est dans la gratitude ou l'humilité. Nous sommes des mendiants de Dieu, nous ne sommes pas dans le dénuement de Dieu. Et le Dieu qui se donne à nous n'est pas le Dieu du silence et de l'absence, c'est le Dieu de la parole et de la présence. Naturellement, il est caché... Dieu est toujours caché, sinon on y accéderait autrement que par la foi !

Le Dieu auquel je crois n'est pas un Dieu devant lequel je dois m'effacer mais un Dieu que je dois essayer d'écouter, de suivre, auquel je réponds. Il ne suscite pas une désoccupation de moi-même mais une reconnaissance pour le fait qu'il s'est vidé de lui-même dans l'Incarnation, quittant la divinité pour devenir homme. Je crois que ce n'est pas tant l'Incarnation que la vision intime qui est au cœur de la mystique.

Réforme n° 2556, 9/4/1944

Judaïsme et mystique

L'idée d'une mystique identique dans toutes les religions n'est pas défendable. Tout au plus peut on reconnaître des analogies entre la mystique chrétienne et des expériences que l'on rencontre dans le bouddhisme et l'hindouisme, sous d'autres mots et avec un sens différent. En revanche, les deux autres monothéismes, que sont le judaïsme et l'islam, ont connu des courants semblables à ceux qui ont traversé le christianisme et opéré des intégrations du même type.

La «mystique» est discrète dans le judaïsme, mais il est possible de repérer au moins deux moments significatifs.

Depuis une cinquantaine d'années, on parle volontiers de «mystique juive», mais c'est en un sens assez large. On vise en général la kabbale, un courant philosophique et religieux né au IIIe siècle chez les juifs de Provence et d'Espagne. Malgré l'importante influence du néoplatonisme sur la kabbale, il faut plutôt y voir une gnose : connaissance et illumination salutaires qui portent sur des intermédiaires émanant de Dieu et sur sa présence cachée en ce monde. L'attirance d'une union vécue avec lui n'y est que diffuse ou rare (Abraham Abulafia de Gérone, XIIIe siècle). On a pu porter un jugement identique sur le hassidisme, né à la même époque chez les juifs d'Allemagne. Toutefois la grande floraison hassidique populaire qui eut lieu au XIIIe siècle en Pologne a fait apparaître, à partir du Ba'al shem tov (le Besht*), un certain nombre de figures extraordinaires. Dans leurs sentences on peut découvrir des traits proches de ceux de mystiques chrétiens : attention incessante à la présence divine en soi-même et dans les réalités insignifiantes du monde, gratitude et joie inaltérables, prière extatique : «Se dépouiller de son être charnel jusqu'à ne plus avoir conscience d'être en ce monde» (Ba'al shem tov). Voici une sentence de ce dernier faisant le lien avec la kabbale, puis quatre dits attribués à tel zaddik (juste).*

Quelqu'un lui demandant un jour comment il était possible que dans un livre aussi ancien que le *Zohar*, il pût trouver des indications concernant des événements contemporains, le Besht répondit : «D'après le Talmud, la lumière première, créée tout à fait au début de l'œuvre de la Création, permettait à Adam d'embrasser d'un seul coup d'œil le monde entier, d'un bout à l'autre. Lorsque le Seigneur, béni soit-il, s'aperçut que le monde n'était plus digne de cette lumière, il la cacha afin de la

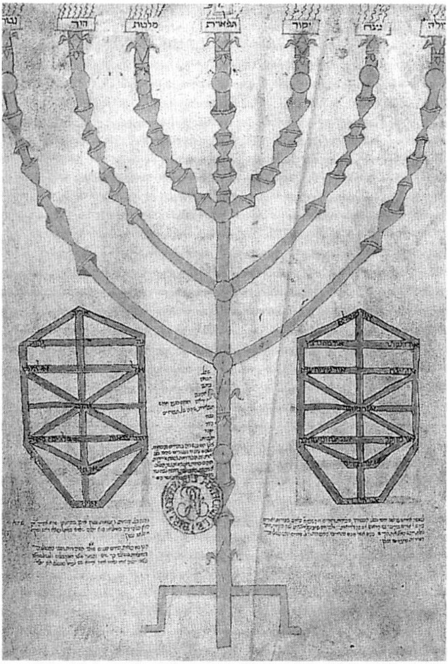

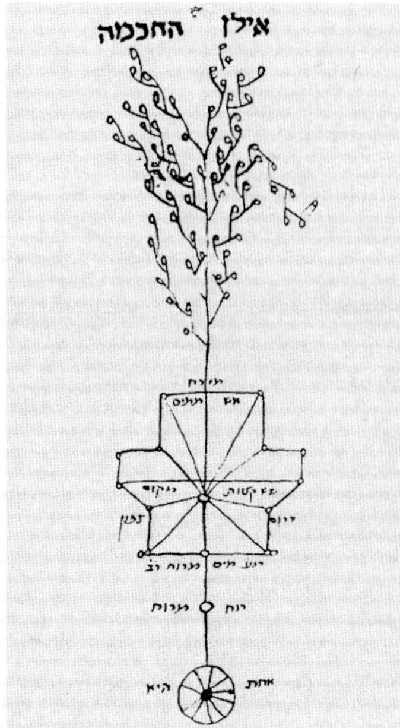

Le *Livre de la Lumière* (frontispice ci-dessus) montre la détermination de la kabbale juive de placer la lumière au centre de la méditation. A droite, l'arbre de Sagesse.

réserver aux justes du monde à venir. Que fit-il de cette lumière ? Il la mit dans la Thora. C'est ainsi qu'en ouvrant le *Zohar*, – qui contient tous les secrets de la Thora, – je vois le monde comme un livre ouvert devant mes yeux.»

Texte cité par Kurt Hauby, «Eléments de spiritualité juive», in A. Ravier et coll., *La Mystique et les mystiques*, Desclée de Brouwer, 1965

Un zaddik était debout à sa fenêtre aux premières lueurs du matin et s'écriait en tremblant : « Il n'y a pas une heure, il faisait encore nuit et maintenant il fait jour. – Dieu fait lever le jour.» Et il était plein d'angoisse et tout frissonnant. Il dit aussi : «Toute créature doit avoir honte devant le créateur. Car s'il était parfait, comme il était destiné à l'être, il lui faudrait s'étonner, se réveiller et s'enflammer devant le renouvellement de la créature en tous temps et à chaque instant.»

On dit d'un maître qu'en des instants de ravissement, il avait dû regarder l'heure afin de se maintenir dans le monde et d'un autre que lorsqu'il voulait regarder des choses particulières, il lui fallait mettre des lunettes, car sinon il voyait toutes les choses particulières de ce monde comme ne faisant qu'un.

Au moment de mourir, un zaddik demandait à son petit-fils : «Vois-tu quelque chose ?» L'autre le regarda avec étonnement. «Moi, dit le zaddik, je ne vois plus que le néant divin qui anime le monde.»

On dit de la manière de danser d'un zaddik : «Son pied était léger comme celui d'un enfant de quatre ans. Et de tous ceux qui voyaient sa danse sacrée, il n'y en avait pas un seul qui ne rentrât en lui-même; car dans le cœur de tous ceux qui le voyaient, il provoquait les larmes et la joie ensemble.»

Quatre textes cités par M. Buber,
Confession extatiques,
Grasset, 1982

La mystique islamique

Elle est plus manifeste que la précédente et plus proche de la mystique chrétienne. Elle n'a guère eu droit de cité en islam, sauf iranien, mais il y a des figures et des textes soufis absolument admirables.

La spiritualité des mystiques musulmans plonge des racines profondes dans les sols religieux et culturels antérieurs : chrétiens, mazdéens (Iran), néoplatoniciens et même bouddhistes. L'insistance sur l'unicité de Dieu est, dans l'islam, un trait qui facilite les affinités néoplatoniciennes : Dieu remplit tout, réduit tout le reste à rien, fait aspirer à retourner à une condition initiale de préexistence en lui, à contempler sa beauté, à réaliser une union à la fois intégrale et amoureuse avec lui. Dès le IIIe siècle, le soufisme se développe, mystique marquée par une grande ascèse – vécue dans le monde – et une forte correction monothéiste, mais aussi par une distance vis-à-vis de l'ordre légal. Il sera tenu continuellement en suspicion. Un des premiers grands soufis, Bistamî, inaugure l'emploi de ces formules où le mystique s'identifie à Dieu.

«Dès que j'allai vers son unicité, je devins un oiseau dont le corps était en unité et les ailes en éternité. Et je ne cessai de voler dans le ciel de la qualité pendant dix ans jusqu'à ce que je l'aie survolé cent millions de fois. Et je ne cessai de voler jusqu'à ce que je fusse arrivé sur l'esplanade de la Prééternité et là je vis l'Arbre de l'Unité.» – Il décrit alors le terrain où était planté cet arbre, ses racines, son tronc, ses branches, ses feuilles et ses fruits. Il dit alors : «Je regardai et je vis que tout cela n'était que tromperie.»

Cité par M. Molé,
Les Mystères musulmans,
P. U. F., 1975

La figure emblématique du soufisme au IXe siècle, Husayn ibn Mansûr (Hallâj), mis à mort pour ses expressions paradoxales du désir de Dieu, de l'union à lui, du mépris de toutes choses y compris des pratiques, d'un amour ardent jusqu'à la folie. Il n'est pas sans lien avec la branche persane du soufisme, plus gnostique. Voici trois courts textes de lui :

Je suis celui que j'aime, et celui que j'aime est moi.
Nous sommes deux esprits infus en un seul corps.
Si tu me vois, tu le vois; et si tu le vois, tu me vois.

O secret de mon secret, tu es si ténu que tu demeures caché à l'imagination de tout vivant.
Manifeste ou caché tu te révèles dans toute chose à toute chose, énormité de doute, exagération de verbiage.
O réunion du tout tu n'es pas autre que moi, et mon excuse ne s'adresse, alors, qu'à moi-même.

in *Diwân*, édition L. Massignon,
Cahiers du Sud, 1955

Il nous est rapporté par le verdissement des herbes et par les couleurs des fleurs, au nom de la vie de sainteté divine : le

Paradis du cœur se rapproche de nous plusieurs fois par jour.

in L. Massignon,
La Passion de Husayn ibn Mansûr Hallâj, Gallimard, 1975

On peut citer encore au XIIe siècle, Ibn al' Arabi, né en Espagne, plus philosophe et plus ésotérique, avec ses contacts kabbalistes et chrétiens. Et, pour terminer, Ghazali, un peu antérieur à Ibn al' Arabi, qui a écrit ceci sur les soufis :«La pluralité disparaît pour eux entièrement et ils sont noyés dans la pure singularité. Leurs intellects sont ensorcelés et c'est comme s'ils en perdaient la parole. Il ne reste plus en eux de place pour le souvenir d'autre chose que Lui ni pour la pensée d'eux-mêmes; il ne reste plus en eux que Dieu.»

C'est alors qu'ils prononcent les paroles par lesquelles ils s'identifient à Dieu. Mais cette union – en réalité, cette unité – ils la découvrent provisoire, et «Les paroles d'amants en état d'ivresse restent secrètes et ne sont pas imitées.»

La transgression verbale

Peut-être saisira-t-on mieux le parallélisme des trois mystiques en lisant quelques-unes des extraordinaires «transgressions verbales» du langage religieux par lesquelles les mystiques affirment leur unité avec Dieu. C'est pour avoir parlé ainsi que Hallâj fut crucifié.

Hallâj : «Moi, la Vérité»; Ruzbehân de Chiraz : «Les mystiques cachés sont les yeux par lesquels Dieu lui-même se regarde»; Rabbi Schnéour Zalman : «L'attribut divin de la grâce, c'est notre amour de Dieu, et l'attribut divin de la justice, c'est notre crainte de Dieu». Et, du côté des chrétiens, Maître Eckhart : «Le regard par lequel je Le connais est le regard par lequel Il me connaît»; Thérèse d'Avila : «L'esprit de l'âme est devenu une seule chose avec Dieu»; Jean de la Croix : «Ta beauté même sera ma beauté»; Marie de l'Incarnation : «N'étant plus moi, je demeurai avec lui». Enfin, Shrî Râmakrishna, maître spirituel indien du XIXe siècle qui n'est pas sans avoir des affinités chrétiennes : «Dans l'amour, on perçoit réellement : «Je suis lui». Un ivrogne peut s'écrier : «Je suis Kâli !».

Ces expressions paradoxales, dont la conscience est si frappante, on peut les lire comme étant nées d'une transformation de soi par l'union («divinisation»). On les comprend sans doute mieux en y voyant la conviction, de la part du mystique, de s'être dépouillé de lui-même et comme de s'être quitté. L'Aimé occupe alors toute la place, et c'est lui qui parle en eux : «Ce sera Toi, et moi je n'y serai pas» (Abû Yasîd Bistami).

Djalal al-Dîn Rumi, poète mystique persan, fondateur de la confrérie des derviches.

Mystique, psychiatrie, psychanalyse

C'est une grande question, depuis la fin du XIXe siècle, que celle des rapports entre mystique et psychopathologie : les «états mystiques» relèvent-ils de cette dernière ? Ouvert par de grands psychiatres, le débat a été poursuivi à sa façon par la psychanalyse, et aussi, par des historiens de la mystique.

Hystérique en crise, dessin de Paul Richer.

Le dossier psychiatrique

On peut entrer dans ce débat de deux manières. Voici la première : que penser des troubles mentaux ou des symptômes caractéristiques que l'on peut découvrir chez des mystiques ?

Si certains grands mystiques semblent avoir été des êtres équilibrés, d'autres ont présenté de graves troubles psychiques, tel le Père Jean-Joseph Surin (1600-1665) qui fut mêlé aux «possessions» de Loudun. Ce fait n'annule pas l'authenticité de sa vie mystique et ne l'explique pas, bien que son histoire en éclaire certains aspects. Michel de Certeau, qui a tenté de comprendre sa maladie mentale à partir de sa vie, veut «éviter le ridicule de réduire son expérience spirituelle à cette déficience psychologique».

En quittant Loudun, il perd ce qui lui restait de ce monde. Il sombre dans la nuit près de vingt ans, de 1637 à 1654 – les vingts années de sa maturité et du milieu de son âge. La paralysie dont il est frappé, l'universelle hostilité dont il se sent environné, son mutisme ou ses phrases autistiques, la vertigineuse conviction de sa damnation et la succession des «preuves» qui lui en donnent la certitude, enfin le «resserrement» anxieux qu'essaie de forcer une vitalité secrète et jamais éteinte, autant de traits qui ne permettent aucun doute sur son mal, le plus redoutable de tous. Le déséquilibre mental, sans jamais lui enlever la conscience de son misérable état – il le décrira plus tard avec une hallucinante précision — ne lui laisse que le langage désespéré et solitaire d'un pays qui n'appartient à aucun pays.

Mais ce langage de régions inconnues s'adresse à Dieu. «Pendant tout ce temps de mes plus grandes peines et désespoir, je composai tous les cantiques spirituels de l'amour divin.» Au fond, il ne renonce pas à celui dont il se croit séparé pour toujours. Il le jalouse. Il l'interpelle. Il le redoute. Jamais il n'est indifférent, et c'est l'Amour que chante encore le «damné» :

Heureuse mort, heureuse sépulture
De cet amant dans l'Amour absorbé
Qui ne voit plus ni grâce ni nature,
Mais le seul gouffre auquel il est tombé.
Ce m'est tout un que je vive ou je meure.
Il me suffit que l'Amour me demeure.

Bien qu'assuré d'être perdu, «j'avais, dira-t-il, un extrême désir que Dieu fût aimé et servi par les créatures.»

Son mal n'est d'ailleurs pas toujours aigu. Parfois, il écrit un mot. De temps à autre, il reçoit des amis dans sa petite chambre d'infirmerie [...].

Le sourire des hommes le dispose à expérimenter, comme en vagues successives, la prodigieuse bonté de Dieu et l'unité intérieure que produit, par-delà toute idée de notre malice ou de sa justice, le «flot» de sa paix. [...]

Revenu vieilli et «caduc» d'un aussi long voyage, usé de corps mais l'esprit aiguisé à force de chercher les voies de la fidélité au milieu des pires épreuves de la chair et de l'intelligence, trouvant avec ce printemps tard venu la «dilatation» qui se préparait à son insu, il distribue les trésors de son expérience de missionnaire, de directeur, de malade et de mystique.

Michel de Certeau,
Introduction au *Guide spirituel*,
Desclée de Brouwer., 1963

Et voici la seconde entrée dans le débat : que penser des expériences «mystiques» que semblent vivre des malades mentaux ? Il y a dans les hôpitaux psychiatriques des malades mentaux dont les délires et hallucinations ont un contenu religieux, et dont certains font état d'expériences «mystiques». L'attitude actuelle des psychiatres et des accompagnateurs religieux est de situer entièrement ces phénomènes du côté de la pathologie, et de prendre en compte la demande religieuse des malades en ses aspects les plus simples et communs : foi, prière, communion.

Parfois, l'affaire est plus complexe. Une malade mentale comme «Madeleine Lebouc», pseudonyme d'une patiente de Pierre Janet, Pauline Lair-Lamotte, internée pendant plusieurs années à la Salpêtrière, présentait des symptômes de type «mystique» et de toute évidence psychopathologiques (extases, conviction portant sur des stigmates et de la lévitation). Or elle avait été, avant ces épisodes, et elle est redevenue, après

Madeleine en extase, par Bloemaert.

leur temps, non seulement une femme raisonnable et très estimable quant à son désir de vie pauvre, obscure, priante, mais même une mystique dont les expériences ne peuvent être ramenées à de la pathologie, au sens psychiatrique du terme. Que les troubles de son temps d'hôpital aient été d'origine «hystérique», comme le pensait Janet, ou qu'il y ait lieu de les attribuer à une névrose temporairement décompensée, comme le croit Jacques Maître, le meilleur spécialiste à l'interface de la sociologie et de la psychologie, le fait est qu'«à partir de 1904 elle a rejeté tous ces éléments délirants de la décennie précédente et même la complaisance dans les jouissances extatiques» Janet a attesté lui-même son caractère raisonnable et son ouverture d'esprit. Jacques Maître souligne l'appartenance des «phénomènes extraordinaires» au versant délirant de l'expérience. Mais il ne voit pas pourquoi, lorsqu'elle y renonce, on ne prendrait pas au sérieux la «vie mystique» qu'elle mène au Mans, à la fin de sa vie, autant que celle de tous les autres «mystiques» reconnus. Toutefois, il interprète cette dernière, en termes freudiens, à partir de sa genèse psychique. Autrement dit, à ses yeux la «mystique» n'est pas pathologique, même si le sujet a présenté des troubles de cet ordre, mais elle relève d'une lecture psychanalytique. Il résume ainsi le cas :

Obligé de faire court, je schématiserai à l'extrême : il me semble que Pauline manifeste des affects religieux correspondant au «sentiment océanique», rapporté par Freud à une nostalgie du rapport symbiotique avec la mère; Jésus tient, chez Pauline, une place d'*imago* maternelle, bien dans la tradition franciscaine, notamment avec la plaie latérale, le cœur étant le lieu où

Pierre Janet

Jésus nous a conçus et où nous désirons retourner pour toujours, la plaie formant le passage par lequel il nous a mis au monde et le sein qui nous allaite.

Les phases délirantes constituent une tentative de renouer avec le monde et de lui donner sens lorsque la répétition de la rupture avec la mère et de la perte du père deviennent insupportables. Enfin, s'identifiant au Crucifié, Pauline prend une certaine part à la «scène primitive», selon une fantasmatique dont elle n'a pas le monopole à propos de la crucifixion.

Jacques Maître, Une inconnue célèbre, la Madeleine Lebouc de Pierre Janet, *Paris, Anthropos, 1993*

Le premier point est développé par la suite en ces termes :

Sophie Fouësil fut une mère froide, gardant une distance frustrante pour les enfants, trouvant que le père passait trop

Romain Rolland

de temps en promenades avec ses filles; Pauline, toute petite, entendait sa mère et sa tante dénigrer le père en cachette. Tout son parcours suggère une carence affective pré-œdipienne qui accroche l'enfant à une nostalgie éperdue d'un rapport symbiotique, avec l'angoisse d'engloutissement que cela implique. Puis la problématique œdipienne reste vécue sur ce mode archaïque, avec une confusion mère-fille. Pauline, terrifiée par la sexualité, s'interdit tout plaisir autre que celui de se rendre méconnaissable pour se voir reconnue par une figure paternelle.

(ibidem)

Enfin Maître généralise en écrivant :

La mystique serait alors cadrée par des références psychiques (symbiose mère-enfant, impression d'une expérience de contact immédiat fusionnel avec des êtres surnaturels suprêmes...) et institutionnelles (traditions historiques...).

(ibidem)

La mention de l'institution renvoie aux analyses très remarquables proposées par Jacques Maître sur le fait que toute représentation religieuse comporte un versant personnel relatif au désir du sujet et un versant institutionnel relatif à une proposition par l'Église en fonction de ses propres objectifs : articulation du psychologique et du sociologique. La référence faite ci-dessus au «sentiment océanique» nous invite à remonter à la discussion célèbre entre Romain Rolland et Sigmund Freud.

L'entrée en scène de la psychanalyse

La discussion issue de la psychiatrie va se déplacer par l'apport de la psychanalyse qui reprend à sa manière le débat sur mystique et hystérie ou névrose sur le «sentiment océanique» : c'est la discussion entre Romain Rolland et Freud.

Dans sa fameuse lettre à Freud du 3 décembre 1927 sur L'Avenir d'une illusion, *écrit par ce dernier, c'est l'attitude religieuse profonde, en général, que Romain Rolland décrit. Mais il montrera que la mystique en réalise l'essence, dans son* Essai sur la mystique et l'action de l'Inde vivante *(1929) qu'il envoie à Freud lequel y répondra dans* Malaise dans la Civilisation. *En 1927, Romain Rolland écrit :*

Votre analyse des religions est juste. Mais j'aurais aimé à vous voir faire l'analyse du sentiment religieux spontané ou, plus exactement, de la sensation religieuse, qui est toute différente des religions proprement dites, et beaucoup plus durable.

J'entends par là : – tout à fait indépendamment de tout dogme, de tout

Credo, de toute organisation d'Église, de tout Livre Saint, de toute espérance en une survie personnelle, etc. –, le fait simple et direct de la sensation de l'«éternel» (qui peut très bien n'être pas éternel, mais simplement sans bornes perceptibles, et comme océanique). […]

J'ai eu l'occasion de constater souvent sa riche et bienfaisante énergie, soit chez des âmes religieuses d'Occident, chrétiennes ou non-chrétiennes, – soit dans ces grands esprits d'Asie, qui me sont devenus familiers, – parmi lesquels je compte des amis, – et dont je vais, dans un livre prochain, étudier deux des personnalités presque contemporaines (la première est de la fin du XIXe siècle; la seconde est morte dans les premières années du XXe), qui ont manifesté un génie de pensée et d'action puissamment régénérateur pour leur pays et pour le monde.

Je suis moi-même familier avec cette sensation. Tout du long de ma vie, elle ne m'a jamais manqué; et j'y ai toujours trouvé une source de renouvellement vital. […]

J'ajoute que ce sentiment «océanique» n'a rien à voir avec mes aspirations personnelles. Personnellement, j'aspire au repos éternel; la survie ne m'attire aucunement. Mais le sentiment que j'éprouve m'est imposé comme un fait. C'est un contact.

Un beau visage a tous sens. Choix de lettres de Romain Rolland, Albin Michel, 1967

Freud reprend contact le 20 juillet 1929 :

J'ai appris avec plaisir que votre livre paraîtra avant mon petit ouvrage qui ne pourra guère sortir avant février-mars. Mais n'en attendez aucune appréciation sur le sentiment «océanique»; je cherche seulement, grâce à une dérivation analytique, à l'écarter, pour ainsi dire, de mon chemin.

Combien me sont étrangers les mondes dans lesquels sous évoluez! La mystique m'est aussi fermée que la musique. Je ne me vois pas lisant ce que, d'après votre lettre, vous avez étudié. Et pourtant il vous est plus facile qu'à nous de lire dans l'âme humaine.

Sigmund Freud, Correspondance, Gallimard, 1966

Et, après la parution du livre de Romain Rolland, le 19 janvier 1930 :

Nous semblons estimer de façon très différente le rôle de l'intuition. Vos mystiques s'en remettent à elle pour leur enseigner à résoudre les énigmes de l'univers; nous pensons qu'elle ne peut nous montrer rien d'autre que des motions et des attitudes primitives, proches de la pulsion, très précieuses pour une embryologie de l'âme si elles sont bien comprises, mais inutilisables pour nous orienter dans le monde extérieur qui nous est étranger.

(ibidem)

Enfin, dans Malaise dans la civilisation, *au chapitre premier, Freud résume la position de Romain Rolland et analyse le «sentiment d'union indissoluble avec le grand tout» comme une vue intellectuelle associée à un élément affectif. Pour Freud, si on veut l'interpréter, il faut en venir à la question de la différenciation du moi. Celle-ci n'est pas donnée d'emblée, et elle tendra par la suite à s'effacer dans l'expérience amoureuse et dans certains processus morbides. A l'origine, le nourrisson ne différencie pas encore son moi du monde extérieur. Il va le faire lorsque des objets lui apparaîtront situés hors de lui: le sein convoité et non disponible en permanence, les sensations de souffrance qu'il expulse de lui-même. Le moi formé est donc d'abord purement «hédonique», régi par le «principe de plaisir» et opposé à un monde menaçant. Plus tard viendra la découverte du «principe de réalité» à partir de la passion d'agir sur le réel, connu et mesuré. Ainsi, le moi ultimement différencié est plus restreint que l'originel, et...*

... notre sentiment actuel du Moi n'est rien de plus que le résidu pour ainsi dire rétréci d'un sentiment d'une étendue bien plus vaste, si vaste qu'il embrassait tout, et qui correspondait à une union plus intime du Moi avec son milieu. Si nous admettons que ce sentiment primaire du Moi s'est conservé – en plus ou moins large mesure – dans l'âme de beaucoup d'individus, il s'opposerait en quelque sorte au sentiment du Moi propre à l'âge mûr, et dont la délimitation est plus étroite et plus précise. Et les représentations qui lui sont propres auraient précisément pour contenu les mêmes notions d'illimité et d'union avec le grand Tout, auxquelles recourait mon ami pour définir le sentiment «océanique». Et, cependant, sommes-nous en droit d'admettre la survivance du primitif à côté de l'évolué qui en est émané?

Freud, *Malaise dans la civilisation*, P. U. F., 1971

Telle est donc la source de l'expérience dont fait état l'écrivain. Quant à voir dans celle-ci l'origine effective de la religion, Freud n'est guère d'accord : pour lui, il s'agit plutôt du besoin infantile d'une protection par le père.

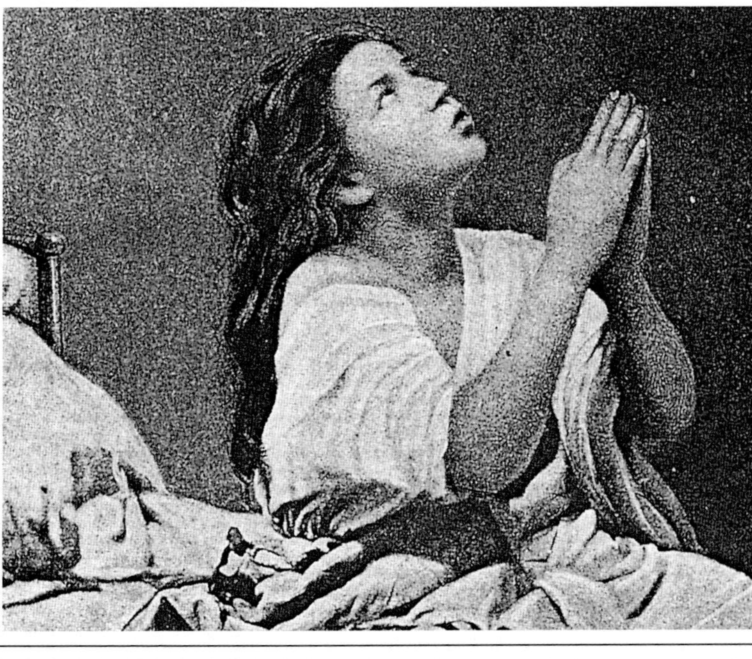

Mystique et poésie

L'affinité entre mystique et poésie a existé de tout temps : la première aime exprimer poétiquement son expérience «ineffable»; la seconde témoigne souvent d'une découverte de l'absolu qu'elle peut qualifier de «mystique». Seule une connaissance des formes paradoxales que prend dans le langage la communication d'un vécu ou d'un pressentiment «mystiques» permet de parler de ce qui ne saurait se dire.

Tous ceux qui veulent exprimer un acte de «transcender» ou la visée d'une «transcendance» – d'une réalité «autre» – usent d'un vocabulaire et d'une grammaire spécifiques. Car il s'agit toujours de dire le rapport entre une plénitude et son caractère mystérieux. L'expérience mystique ne fait pas exception, et la poésie est l'un de ses modes d'expression privilégiés. Voici quelques exemples de ces formes paradoxales que la poésie met au service de la mystique.

Les images négatives

Pour dire le caractère ineffable de l'union, la poésie mystique recourt à la voie suivie de tout temps par la «théologie négative», exprimant ce que Dieu n'est pas. Cela, soit grâce à des métaphores négatives en elles-mêmes : nuit, nuée, nuage d'inconnaissance, absence, silence. Soit, au moyen de négations explicites, afin de corriger les images positives situées dans le plein du langage (analogie).

Reprenant les images de la «nuée ténébreuse» et de la «colonne de feu et de nuée» du livre de l'Exode, le Pseudo-Denys écrit dans sa Théologie mystique.

Dans la translumineuse Ténèbre du Silence
où l'on est initié aux secrets de cette radieuse et resplendissante Ténèbre, en sa totale obscurité
absolument intangible et invisible,
Ténèbre qui comble d'indicibles splendeurs les intelligences qui savent clore leurs yeux.

Pseudo-Denys,
La Théologie mystique,
édition Migne, 1991

L*a Mélancolie*, par Albrecht Dürer

Jean de la Croix, à son tour, a fait un usage fondamental de la métaphore nocturne : dans le grand poème de la Montée du Carmel, *bien sûr, mais aussi dans le «Chant d'une âme qui connaît Dieu par la foi» :*

Je sais une source qui jaillit et s'écoule,
Mais c'est au profond de la nuit.
Cette source éternelle, elle reste cachée;
Mais je n'ignore pas d'où elle prend
naissance,
Et c'est au profond de la nuit.
En la nuit obscure qu'on appelle la vie,
Je connais par la foi sa veine fraîche et pure,
Mais c'est au profond de la nuit.
Je sais, à vrai dire, qu'elle est sans origine,
Tout en elle pourtant va plonger sa racine,
Mais c'est au profond de la nuit.
Jamais il ne sera de beauté qui l'égale,
Le ciel, l'univers vont s'y désaltérer,
Mais c'est au profond de la nuit.

Jean de la Croix, *Œuvres complètes*, Cerf, 1990

*Ce que ces figures négatives disent globalement peut aussi s'exprimer au moyen de négations explicites. Voici un exemple qui mêle les deux, un bref poème de Pierre-Jean Jouve, commentant Jean de la Croix (*Montée *I,13).*

Rien ne s'accomplira sinon une absence
Dans la nuit, un congédiement de clarté,
Une beauté confuse en laquelle rien n'est.

«Nada» de *Marlène Céleste*, Paris, Mercure, 1987

Absence et nuit, d'une part. Deux rien, *de l'autre; dont le premier suivi d'une négation, dit le sens positif de l'absence : une présence mystérieuse dont le second* rien *suggère qu'elle dépasse toutes les choses de ce monde.*

Un très beau poème de Catherine Pozzi, intitulé «Ave», peut être lu comme un chant amoureux et aussi comme «charme» mystique, attestant l'expérience religieuse décisive qu'elle fit en octobre 1928. En voici le début, fait de négations, tout étant commandé par le «sans avoir su» :

L'*extase de saint Jean de la Croix.*

Très haut amour, s'il se peut que je meure
Sans avoir su d'où je vous possédais,
En quel soleil était votre demeure
En quel passé votre temps, en quelle
heure
Je vous aimais,
Très haut amour qui passez la mémoire,
Feu sans foyer dont j'ai fait tout mon jour
En quels destins vous traciez mon histoire,
En quel sommeil se voyait votre gloire,
O mon séjour...

Catherine Pozzi, *Poèmes*, rééd. Gallimard, 1959

Enfin dans le texte «Sur de grands cercles de pierre» d'Yves Bonnefoy, repris dans Récits en rêve, *on trouve une expression extrême de ces formes négatives – la nudité de la pierre – pour suggérer l'expérience de poésie, qui a en commun avec la mystique le dépouillement et la plénitude, sans que l'agnosticisme religieux de l'auteur soit mis en question.*

Je lève les yeux, je rencontre une fois de plus, cette fois au-dessus d'une arche, ce chiffre qui reparaît sur tant de murs d'Occident : un cercle ou un ovale dont le rebord, une moulure en saillie sur la paroi, n'enserre nul miroir, nulle image peinte ou sculptée, mais seulement rugueuse, grise, la pierre nue. […] Dieu par la pierre. Dieu, non même par la voie de *telle* pierre, […] mais par la voie de l'éboulement, par la masse informe, par l'autre bout de l'écroulement de la masse de pierre dans le ravin, là-bas, dans l'inconnu, dans la nuit, là – si ce mot a encore un sens – où il n'y a plus de lieu, plus de dénomination concevable, plus même de conscience pour désirer donner un nom. Dieu, en effet : ce qui excède le signe. […] Mais qui, lorsque le signe s'efface, commence à rayonner de cette lumière de tout en tout et à travers tout dont nous a privé le langage.

Yves Bonnefoy,
Mercure de France, 1987

L'oxymoron

Quand on veut dire une contradiction, en vue de suggérer une plénitude ineffable, on emploie ce type d'images suprêmement paradoxales. Par exemple, si au lieu de traduire «le bruit d'une brise légère» pour décrire l'apparition de Dieu à Élie sur la montagne de l'Horeb (1 R 9, 12-13), on rend plus exactement l'hébreu ainsi : «le bruit d'un silence ténu», on a un superbe oxymoron.

Angelus Silesius s'en est souvenu lorsqu'il écrivit le dystique :

Va où tu ne peux pas, vois où tu ne vois pas
Écoute où rien en bruit : tu es là où Dieu parle.

Angelus Silesius, *Pèlerin chérubinique* I,
Aubier, 1946

Il se souvenait aussi de Jean de la Croix. Ce dernier a fait plusieurs fois usage de l'oxymoron, notamment en évoquant la «musique silencieuse» dans le Cantique spirituel, *pour suggérer l'inconnu d'une beauté musicale supérieure au sensible : celle que rend possible le fait de demeurer dans l'Aimé.*

De cette union mystique à la fois éprouvée et heureuse, un oxymoron peut aussi dire l'envers : l'échec de celui qui l'a cherchée en vain; ainsi Gérard de Nerval dans «El desdichado» des Chimères *:*

Ma seule *étoile* est morte – et mon luth constellé
Porte le *soleil noir* de la Mélancolie.

*Par delà la lumière étrange de la gravure de Dürer et la mort des amoureuses qui ont éclairé sa vie, le poète évoque le monde vide de Dieu, comme l'attestent les textes parallèles du «Christ aux Oliviers» et d'*Aurélia. *Mais la même figure peut*

Sentence poétique de René Char, écrite et décorée au cours de l'une de ses insomnies.

reprendre une valeur «mystique» positive sans que l'on revienne à une religion jugée abolie et impossible. Ainsi chez René Char, le poème est l'ineffable de son expérience mystique athée, perception sans vision, extase qui n'est pas un obscurcissement mais un au-delà de la lumière qui vient se substituer au moi.

Le cœur d'eau noire du soleil a pris la place du soleil, a pris la place de mon cœur.

René Char, *Fureur et mystère*, «La Pléiade», Gallimard, 1983

Les images liminaires

Il existe des images qui ne sont plus des figures directes de l'absolu : elles ne renvoient à ce vers quoi elles nous orientent que par le détour d'une expression métaphorique du sujet priant, et comme en creux. Il attend, il veille, il guette (temporel); il est placé sur un seuil ou devant une porte, sur une frontière, des confins, une rive (spatial). Par exemple le veilleur de la Bible : «Sur la tour de guet, je me tiens tout au long du jour ; / à mon poste de garde, je suis debout toute la nuit» (Is 21, 8), ou «Mon âme attend plus sûrement son Dieu / qu'un veilleur n'attend l'aurore» (Ps 130, 6). Ou encore l'image d'un désert que reprendra non seulement Maître Eckhart, mais aussi Kafka, comme Maurice Blanchot a aimé le souligner. Les images liminaires de la prière mystique se pressent dans un texte superbe des Misérables, *décrivant des moniales du Petit-Picpus :*

Ces âmes humbles et augustes qui osent vivre au bord même du mystère, attendant, entre le monde qui est fermé et le ciel qui n'est pas ouvert, tournées vers la clarté qu'on ne voit pas, ayant seulement le bonheur de penser qu'elles savent où elle est, aspirant au gouffre et à l'inconnu, l'œil fixé sur l'obscurité immobile [...].

Victor Hugo, *Les Misérables*, V. VI. VIII. édition M.-F. Guyard, Garnier, 1963

Ce regard scrutant l'obscur, nous le retrouvons enfin dans un poème de Pierre Reverdy.

Ce n'est pas pendant sa période catholique mais après 1929 que celui-ci semble avoir intégré à sa poésie – quête de liberté, d'absolu et d'infini, qu'il a de tout temps traduite par des images liminaires – une recherche, un pressentiment, une sorte d'expérience de «Dieu», sans le nommer.

Je t'aime sans jamais t'avoir vu que dans l'ombre
Dans la nuit de mon être où seul je peux y voir
Je t'aime et tu n'es pas encore sortie de l'ombre
Forme mystérieuse qui bouge dans le soir
Car ce que j'aime au fond c'est ce qui passe
Une fois seulement sur ce miroir sans tain
Qui déchire mon cœur et meurt à la surface
Du ciel fermé devant mon désir qui s'éteint.

Pierre Reverdy, «Le Cœur tournant», in *Ferraille*, «Poésie» Gallimard, 1981

Au fond de son être intime, il y a une réalité essentielle qu'il ne peut décrire ni nommer mais qu'il aime. Elle ne peut être captée, cette irruption qui ne se reproduit pas, cette forme mystérieuse qui ne revient pas. Forte expérience, et en même temps échec religieux – si l'on choisit de ne pas prolonger de façon factice la présence –, usure de son propre désir.

BIBLIOGRAPHIE

Ouvrages généraux

- J. Beaude, *La Mystique*, «Bref», Cerf, 1990.
- M. Buber, *Les Récits hassidiques*, traduction réédition, Editions du Rocher, 1978.
- M. de Certeau, «Mystique», *Encyclopædia Universalis*, t. 12, p. 1031-1036.
- M. de Certeau, *La Fable mystique 1, XVI*e*-XVII*e *s.*, Gallimard, 1982.
- E. Dinzenbacher et coll., *Dictionnaire de la mystique*, traduction française, Brepols, 1993.
- M. Molé, *Les Mystiques musulmans*, P.U.F., 1965.
- A. Ravier et coll., *La Mystique et les mystiques*, Desclée de Brouwer, 1965.

L'Orient chrétien

- E. Behr-Sigel, *Prière et sainteté en Russie*, Cerf, 1950.
- M. Evdokimov, *Pèlerins russes et vagabonds mystiques*, Cerf, 1987.
- P. Hadot, *Plotin ou la simplicité du regard*, Etudes augustiniennes, 1973.
- J. Meyendorff, *Saint Grégoire Palamas et la mystique orthodoxe*, «Maîtres spirituels», Seuil, 1954.
- *Petite Philocalie de la prière du cœur*, édition J. Gouillard, Seuil, 1953.
- *La Philocalie*, présenté par O. Clément, 2 vol., Desclée de Brouwer, 1995-1996.
- Pseudo-Denys, *La Théologie mystique*, Lettres, «Les Pères dans la foi», Editions Migne, 1991.
- *Récits d'un pèlerin russe*, traduction de J. Laloy, Seuil, 1966.
- H. P. Rinckel, *La Prière du cœur*, «Bref», Cerf, 1990.

Le Moyen Age occidental

- Hadewijch d'Anvers, *Ecrits mystiques des béguines*, édition Porion, Seuil, 1954.
- J. Ancelet-Hustache, *Maître Eckhart et la mystique rhénane*, «Maîtres spirituels», Seuil, 1956.
- Catherine de Sienne, *Le Dialogue*, traduction de L. Poirier, Cerf, 1992.
- Eckhart, *Poème*, traduction de A. de Libéra, Arfuyen, 1988.
- Maître Eckhart, *Traités et Sermons*, traduction de J. Ancelet-Hustache, Seuil, 1971-1974.
- G. Epiney-Burgard et E. Zum Brunn, *Femmes troubadours de Dieu*, Brépols, 1988.
- A. de Libéra, *La Mystique rhénane d'Albert le Grand à Maître Eckhart*, Seuil, 1994.
- P. Mowmaers, *Hadewijch d'Anvers*, Cerf, 1994.
- J. Orcibal, *Saint Jean de la Croix et les mystiques rhéno-flamands*, Desclée de Brouwer, 1966.
- Marguerite Porete, *Le Miroir des âmes simples et anéanties*, édition M. Huot de Longchamp, Albin Michel, 1984.
- Henri Suso, *Œuvres complètes*, traduction de J. Ancelet-Hustache, Seuil, 1977.
- Jean Tauler, *Sermons*, traduction de Hugueny-Théry, réédition, Cerf, 1991.
- P. Verdeyen, *Ruysbroeck l'Admirable*, Cerf, 1990.

Le XVIe **siècle espagnol**

- J. Baruzi, *Saint-Jean de la Croix et le problème de l'expérience mystique*, Félix Alcan, 1931.
- M. Bataillon, *Erasme et l'Espagne, Recherches sur l'histoire spirituelle du XVI*e *siècle*, Editions Droz, 1937.
- Jean de la Croix, *Œuvres complètes*, traduction de Marie du Saint-Sacrement, Cerf, 1990.
- P. Nwya, *Ibn Abbad de Ronda*, Beyrouth, Imprimerie catholique, 1961.
- San Juan de la Cruz, *Obras completas*, Madrid, BAC, 1982.
- Thérèse d'Avila, *Œuvres complètes*, traduction du Carmel de Clamart, Cerf, 1995.

XVIIe **et XVIII**e **siècles**

- H. Brémond, *Sainte Chantal*, Gabalda, 1912.
- H. Brémond, *Histoire littéraire du sentiment religieux en France*, 12 vol., Bloud et Gay, 1916-1936.
- L. Cognet, *Crépuscule des mystiques*, Tournai, Desclée de Brouwer, 1958.
- Fénelon, *Œuvres I*, édition J. Le Brun, «La Pléiade», Gallimard, 1983.
- Fénelon, *Correspondance*, édition J. Orcibal, T. 1-15, Klincksieck puis Droz, Genève, 1972-1992.
- Jeanne Guyon, *La Passion de croire*, textes choisis et présentés par M.-L. Gondal, Nouvelle Cité, 1990.
- Laurent de la Résurrection, *Ecrits et entretiens sur la pratique de la présence de Dieu*, édition C. de Meester, Cerf, 1991.
- François Malaval, *La Belle Ténèbre*, édition M.-L. Gondal, Jérôme Millon, 1993.
- Saint François de Sales, *Traité de l'amour de Dieu*, La Bonne Presse, 1925.
- Saint François de Sales, *Lettres d'amitié spirituelle*, Desclée de Brouwer, 1980.
- Claude de Saint-Martin, *Gnostiques de la Révolution*, édition A. Tanner, Egloff, 1946.

- B. Sesé, *Petite Vie de François de Sales*, Desclée de Brouwer, 1995.
- A. Viatte, *Les Sources occultes du romantisme*, Champion, 1928.

XIXe et XXe siècles

- H. Bergson, *Les Deux Sources de la morale et de la religion*, P.U.F., 1932.
- F. Champion et D. Hervieu-Léger (dir.), *De l'émotion en religion*, Centurion, 1990.
- J.-P. Jossua, *Pour une histoire religieuse de l'expérience littéraire*, 3 vol., Beauchesne, 1985-1994.
- J. Maître, *L'Orpheline de la Bérésina, Thérèse de Lisieux*, Cerf, 1995.
- Thérèse de Lisieux, *Œuvres complètes*, Cerf-Desclée de Brouwer, 1992.

TABLE DES ILLUSTRATIONS

Athos, vers 1059.
35h Maître soufi en méditation, miniature de Riza-i-Abbasi, 1622. Paris, Bibl. nat.
36hd Saint Grégoire Palamas, détail d'une icône provenant de Tharse, vers 1600.
36-37h *La Thébaïde*, peinture de Gherardo Starmina, détails. Florence, Offices.
37b Vie de saint Onofrius, peinture, XIVe-XVe s., détail. Barcelone, Musée d'Art catalan.
38 Jean le Silencieux, icône russe, XVIIIe s. Hanovre, Coll. part.
39 Tous les saints, icône, XVIIe s., mont Athos.

CHAPITRE III

40 *Le Christ prenant dans ses bras saint Bernard*, peinture de Francisco Ribalta. Madrid, Musée du Prado.
41 Les deux ordres mendiants, détail d'une miniature, XIVe s. Paris, Bibl. nat.
42 *La Règle de saint Bernard*, peinture de Jörg Breu l'Ancien, 1500. Abbaye de Zwettl (Autriche).
42-43 Le cloître de l'abbaye de Chiaravalle, Milan.
43b L'abbaye de Cîteaux, dessin, 1542. Dijon, Archives départementales de la Côte d'Or.
44 *La Vierge protégeant l'ordre de Cîteaux*, peinture de Jean Bellegambe. Douai, Musée de la Chartreuse.
45g Calvaire avec un moine chartreux, peinture de Jean de Beaumetz. Paris, Musée du Louvre.
45d L'Union mystique, détail d'une enluminure du Passionnaire de l'abbesse Cunégonde, vers 1321. Prague, Bibl. universitaire.
46g *Saint Bernard donnant sa règle*, peinture de Simone de Crocifissi, XIVe s. Bologne, Pinacothèque.
46d Saint Bernard et Guillaume de Saint-Thierry, détail d'une enluminure du XIIe s. Abbaye de Zwettl (Autriche).
47 «Les Douze Degrés de l'humilité», détail d'un manuscrit des *Œuvres* de saint Bernard, école d'Anchin, deuxième moitié du XIIe s. Douai, Bibl. municipale.
48g L'Eglise recueille le sang du Christ en croix, miniature in *Scivias* de Hildegarde de Bingen, fac-similé, 1977. Paris, Bibl. du Saulchoir.
48d Le Créateur, première vision in *Scivias*, idem.
49g Les Forces du mal, deuxième vision in *Scivias*, idem.
49d Vision de sainte Hildegarde, in *Liber divinorum operum simplicis hominis*, manuscrit. Lucca, Bibl. d'Etat.
50 L'Homme et le centre de l'univers, vision de sainte Hildegarde, *idem.*
51 Les Saisons, *idem.*
52, 53 Vision de sainte Hildegarde, *idem.*
54-55 «La Création prie Dieu», miniature in *Scivias*, fac-similé.
55 La Synagogue, cinquième vision in *Scivias* de Hildegarde de Bingen, fac-similé, 1977. Paris, Bibl. du Saulchoir.
56 Fileuse de laine dans les Flandres, détail d'une peinture de Isaac Claesz van Swanenburgh, vers 1600. Leiden, Stedelijk Museum De Lakenhal.
56-57 *La Vierge et les Saintes*, peinture de Gérard David, vers 1509. Rouen, Musée des Beaux-Arts.
57 Page d'un manuscrit du Livre de Messire Lancelot du Lac, XIVe s., Paris, Bibl. nat.
58 Portrait de Albert le Grand, peinture de Juste de Gand, XVe s., Palais ducal de Urbino.
58-59 *La Crucifixion*, peinture de Mathias Grünewald, retable de Issenheim. Colmar, Unterlindenmuseum.
59 *Les Saintes Femmes et Jean l'Evangéliste*, peinture de Hans Memling, détail. Sao Paulo, Museo de Arte.
60 Un évêque est reçu chez les dominicaines, miniature in *Miracles suscités par l'image de la Vierge*, manuscrit du XVe s. Colmar, Bibl. municipale.
60-61 Fra Angelico, *Saints et Saintes dominicains*, predelle della Pala di Fiesole. Londres, National Gallery.
62 Boèce écoutant la leçon de la philosophie, miniature extraite de *La Consolation de la Philosophie*, manuscrit. Londres, Wallace Coll.
62-63 La Cosmologie selon Raymond Lulle, in Thomas le Myésier, *Electorium Remund.* Paris, Bibl. nat.
63 Page manuscrite d'un œuvre de Maître Eckhart, XIVe s. Munich, Bayerische Staatsbibliothek.
64 Initiale G, lettrine enluminée d'un livre de prières dominicain du XVe s. Colmar, Bibl. municipale.
65 *Le Christ et saint Jean*, sculpture en chêne polychrome, Rhin supérieur, vers 1430. Strasbourg, Musée de l'Œuvre de Notre-Dame.
66 Henri Suso au ciel, page illustrée d'une *Vie du Bienheureux Henri Suso*, recueil de pieté, vers 1360. Bibl. nat/ Univ. de Strasbourg.
67 *Le Bienheureux Henri Suso*, peinture de Francisco de Zurbarán. Séville, Musée des Beaux-Arts.
68 Portrait de Jean Tauler, gravure sur bois, XVIe s.
68h, 68b Ruysbroeck, *Ornement des noces spirituelles*, Toulouse, 1613, page de titre.
68m Portrait anonyme de Jan Ruysbroeck daté de 1580. Anvers, Coll. Ruusbroecgenootschap.
69 Vue du prieuré de Groenendal, gravure d'après P. van Avont, 1647. Bruxelles, Bibl. royale Albert Ier, Cabinet des Estampes.
70-71 Vision de la Bienheureuse Angelina, détails de la fresque, Foligno, Monastère de «Le Contesse».

CHAPITRE IV

CHAPITRE V

CHAPITRE VI

TÉMOIGNAGES ET DOCUMENTS

Rouen, Musée des Beaux-Arts.
149 Martin Luther, frontispice d'une œuvre de 1533. Paris, Bibl. nat.
150 Portrait de Calvin, gravure.
155g *Le Livre de la Lumière*, manuscrit hébreu, XVe s. Paris, Bibl. nat.
155d L'arbre de la Sagesse, diagramme illustrant un commentaire du Sefer Yesira, manuscrit hébreu. Paris, Bibl. nat.
157 Al-Dîn Rumi, poète soufi, litho. d'après une miniature du XIIIe s.
158 Paul Richer, Etude d'hystérique, crayon sur papier. Coll. part.
159 *Madeleine en extase*, peinture de Abraham Bloemaert. Nantes, Musée des Beaux-Arts.
160 Pierre Janet, photo d'Eugène Pirou.
161 Romain Rolland, *idem.*
163 Etudes sur l'hystérie, le cas d'Augustine, in D. M. Bourneville et P. Régnard, *Iconographie photographique de la Salpêtrière*, Paris 1876-1880.
164 Albrecht Dürer, *La Mélancolie*, gravure au burin. Paris, Musée du Petit Palais.
165 *Extase de saint François*, peinture de El Greco, détail. Tolède, Hôpital Tavera.
166 René Char, *La poésie me volera ma mort*, plaquette en bois et cire, vers 1955-1958. Paris, Coll. part.

INDEX

A

B

C

D

E

CRÉDITS PHOTOGRAPHIQUES

AKG Photo, Paris 1er plat, 11, 42, 49d, 52, 53, 58-59, 59, 63, 77hd, 93h, 129, 133, 136, 157. AKG Photo/© Glasgow Art Gallery and Museum 1er plat, 126-127. Anderson-Giraudon 92b. Archives départementales de la Côte d'Or 43b. Archives du Haut-Rhin/cl. Edith Marbach 60, 64. Archives Editing, Rome 118-119, 163. Archives Gallimard Jeunesse 13, 114d, 114g, 117b, 122-123. Artephot Dos, 128. Artephot/A. Held 14-15h, 15, 36hd, 39. Artephot/Oronoz 40, 67, 76, 76-77, 78, 82, 82-83, 83b, 83m, 84-85, 85b, 87b, 89, 90, 165. The Beinecke Rare Book and Manuscript Library, New Haven 1-9. Bibliothèque nationale universitaire de Strasbourg 66. Bibliothèque du Saulchoir/cl. P. Horvais 48d, 48g, 49g, 55. Bibliothèque municipale, Douai/cl. D. Lefebvre 47. Bibliothèque nationale, Paris 14-15b, 16-17, 20, 26g, 30, 33d, 33g, 35h, 41, 57, 62-63, 96, 103b, 106, 107, 112, 120b, 149, 155g, 155d. Bibliothèque royale Albert Ier, Bruxelles 69. Bulloz, Paris 140, 147, 164. Charles Choffet, Besançon 93b. Jean-Loup Charmet, Paris 79g, 80, 88-89, 130. CIRIC/photo Hervé Dez 122m. Giancarlo Costa, Milano 74. Dagli-Orti 16, 18, 32, 46g, 56-57, 58, 79d, 80-81, 85h, 97, 98-99, 100g, 102, 104h, 138. Diatheo 4e plat b, 18-19, 19, 42-43, 91. Photo Robert Descharnes & Descharnes/© Adagp 1996 87h. Domingie/Rabatti, Florence 27. Dominique Genet, Citadelle-Mazenod 22, 30-31. Dominique Genet et Alain Mahuzier, Citadelle-Mazenod 23. D R 38, 46d, 68, 68h, 86d, 86g, 94, 116, 118-119, 145, 146, 150, 158. Edimedia 102-103, 109. Editions Gallimard 121b. Ekdotike Athinon, Athènes 21, 34h, 34-35. Forum des Communautés Chrétiennes, Paris 122h. Giraudon 4e plat h, 44, 100d, 108-109, 143, 159. Giraudon/Bridgemann 62. Keystone 117h. Kipa Interpress 124-125. Lauros-Giraudon 12, 84b, 104b. E. Lessing/Magnum 24-25, 26d, 45d, 54-55, 56, 116-117. The Metropolitan Museum of Art, New York 88. Musée des Beaux-Arts, Dijon 110-111. Musées de Strasbourg 65. National Gallery, Londres 60-61. Office central du Carmel de Lisieux 113. Réunion des Musées Nationaux, Paris 45g, 72, 77hg , 92h, 98, 99b, 105, 108. Roger-Viollet 75, 90-91, 106-107, 115, 131, 134-135, 137, 142. Coll. Ruusbroecgenootschap, Anvers 68m. Scala, Florence 24, 28-29, 36-37h, 37b, 50, 51, 70-71, 70b, 72-73, 73, 132. Coll. Sirot-Angel, Paris 160, 161.

REMERCIEMENTS

Les éditions Gallimard remercient la Bibliothèque du Saulchoir, ainsi que madame Marie-Claude Char pour l'aide qu'elles ont apportée à la réalisation de cet ouvrage.

ÉDITION ET FABRICATION

DÉCOUVERTES GALLIMARD
DIRECTION : Pierre Marchand et Elisabeth de Farcy.
GRAPHISME : Alain Gouessant. FABRICATION : Violaine Grare. PRESSE : Valérie Tolstoï.
SEUL AVEC DIEU, L'AVENTURE MYSTIQUE
EDITION : Paule du Bouchet et Odile Zimmermann. MAQUETTE : Vincent Lever (Corpus), Jacques Le Scanff (Témoignages et Documents) . ICONOGRAPHIE : Caterina d'Agostino. LECTURE-CORRECTION : Catherine Lévine. PHOTOGRAVURE : Mirascan et Arc-en-ciel.

Table des matières